Ernst Zecha

Hirsche in der Lobau

Aufzeichnungen aus den Donau-Auen

Österreichischer Jagd- und Fischerei-Verlag

Ernst Zecha

Hirsche in der Lobau

Aufzeichnungen aus den Donau-Auen

Österreichischer Jagd- und Fischerei-Verlag

Titelfoto (Farbe): Franz Antonicek
Die übrigen Fotos wurden von Oberförster Ing. Ernst Zecha zur Verfügung gestellt.

Zeichnungen: Dr. Hubert Zeiler

Lektorat & Satz & Layout & Leitung Produktion:
Dr. Michael Sternath

Gesamtherstellung:
Druckerei Ferdinand Berger & Söhne Ges.m.b.H., Horn

ISBN 3-85208-016-9

Vorwort

Das Schicksal meinte es gut mit mir: Ich durfte mit einem besonderen Jäger – und besonderen Menschen – in die Jagd hineinwachsen. Er war Berufsjäger in einem Hochgebirgsrevier in den Hohen Tauern. Schon als Kind faszinierte mich, wie er durch sein siebenfaches Fernglas auf mehrere hundert Meter einen Gams mit unglaublicher Sicherheit ansprach. Später, als ich mein erstes Spektiv hatte, erlaubte ich mir fallweise, sein Ansprechen zu überprüfen: So gut wie immer lag er richtig. Der stille und bescheidene Mann wurde mir zum jagdlichen Vorbild.

Manchmal führt einen das Leben oder der Beruf auf eine glückliche Fährte, und man trifft solche Menschen wieder. Schon bei der ersten Begegnung mit Oberförster Zecha hatte ich den Eindruck, die Züge des Berufsjägers meiner Kindheit und Jugend zu erkennen. Auch er, den die Landschaft der Au – genauer gesagt: der berühmten Lobau – geprägt hat, sprach nicht viel. Wenn er aber das Wort ergriff, dann spürte man, daß er etwas zu sagen hatte. Was er zu sagen hatte, war aus langjähriger Erfahrung im Umgang mit seinem Revier, der Natur, den Wildtieren und den Menschen gereift. Wenn er urteilte, dann hatte er gute Gründe. Und noch etwas war von erster Stunde an zu merken: Der Mann hatte Rückgrat. Was er dachte, das sagte er. Was er sagte, das meinte er.

Wenn ich heute Bücher wie „Hirsche in der Lobau" machen darf, so ist das ein bißchen so etwas wie ein später Dank an jene Menschen, die viel mehr über Jagd, Wildtiere und die Natur sprechen sollten und es doch leider viel zu wenig tun oder getan haben, weil sie meist zu bescheiden waren oder ihnen einfach die Sprache dazu fehlte. Ihr Wissen soll – sofern es erreichbar ist – in unseren Büchern fortleben.

Gerade die Lobau, die im Nationalpark Donau-Auen liegt, bietet sich heute dafür besonders an: Es wird soviel über diesen Landstrich geredet und wie man in Zukunft mit ihm umgehen soll. Oft genug fehlt in dem Konzert der Meinungen aber die Stimme jener, die mit dem Gebiet mitgewachsen sind, für die die äußere Landschaft zu ihrer Seelenlandschaft geworden ist. Erfahrene und bodenverbundene Jäger wie Oberförster Zecha wissen um die Geheimnisse, die Reize, den Zauber und auch die jagdliche Faszination dieser gewaltigen und ehrfurchtgebietenden Aulandschaft am Rande der Weltstadt Wien besser Bescheid als jeder andere. Durch seine Augen wird man von der Lobau mehr sehen als durch die Brille der allwissenden Forschung. Durch die Augen solcher Jäger wird man zu guter Letzt auch erkennen, daß der Mensch kleiner, die Natur stärker und die Jagd beständiger ist, als die Menschen heute anzunehmen gewillt sind...

Dr. Michael Sternath,

Wien, im Juli 1998 *Österreichischer Jagd- und Fischerei-Verlag*

INHALT

Vom Spatzenjäger zum Hofjagdverwalter

Als jugendlicher Hundeführer 10
Eine Hühnerjagd in Muschau 16
Niederwild in Pohrlitz – ein Traum aus vergangenen Tagen 19
Eine französische Sauhatz 25

Lobau – das Revier und das Wild

Geschichte der Lobau 29
Rudolf und Franz Ferdinand 31
Zwischenkriegszeit und Zweiter Weltkrieg 32
Die Lobau nach 1945 38
Die Entwicklung des Rotwildes nach 1955 49
Schwarzwild 57
Rehwild 60
Muffelwild und Damwild 60
Füchse und Kaninchen 64
Hase und Fasan 66
Wasserwild 66
Bisam und Biber 68

Besondere Jagden

Ein falscher Gabler 73
Der Figl-Bock 81
Gusto und Ohrfeigen 84
Der Scherbenhirsch 89
Der Sündenfall 91
Der „Dersoffene“ 98
Der Eiserne Gustav – die Geschichte eines Keilers 111
Eine verhexte Nachsuche 115
Die Strafe Gottes 119
Wieder Hexen? 130
Mit anderen Augen 133
Ein forstlicher Jagdtag 145

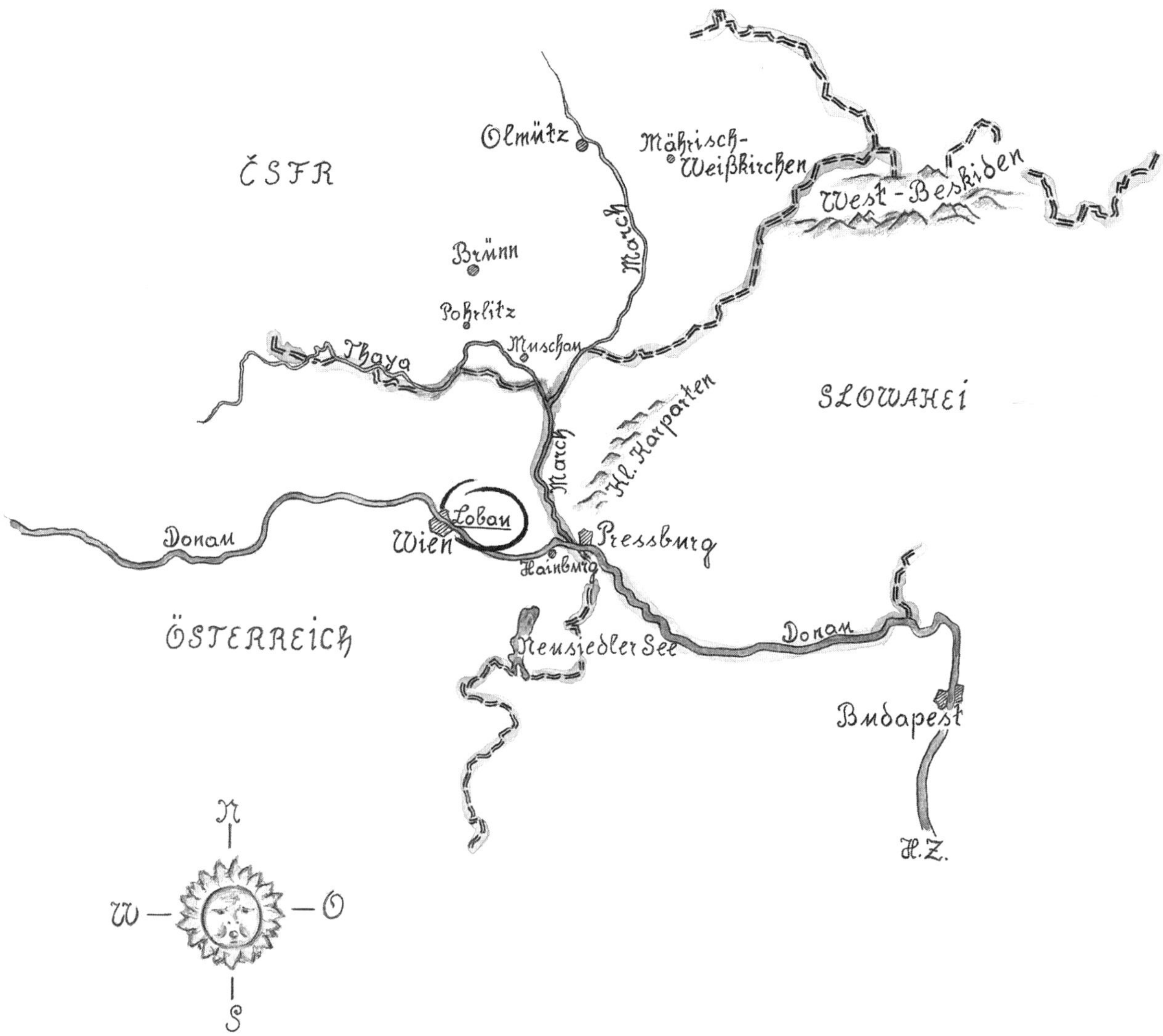
Olmütz
Mährisch-
Weißkirchen
ČSFR
West-Beskiden
March
Brünn
Pohrlitz
Thaya
Muschau
SLOWAKEI
Kl. Karpaten
March
Donau
Lobau
Wien
Pressburg
Hainburg
ÖSTERREICH
Neusiedler See
Donau
Budapest
H.Z.
N
W
O
S

Vom Spatzenjäger zum Hofjagdverwalter

Schon die Häuser aller meiner unmittelbaren Vorfahren haben Jagd und Forst geatmet:

Ich stamme aus einer alten Försterfamilie, in der bereits der Urgroßvater, der Großvater und der Vater im Forstberuf tätig waren. Der Großvater war Forstverwalter auf dem Besitz des Fürsten Dietrichstein in den Thaya-Auen in Südmähren, also im Gebiet des heutigen Tschechien. Mein Vater heiratete die Tochter dieses Forstverwalters und schlug im selben Betrieb wie der Großvater die forstliche Laufbahn ein. Der Ehe entsprangen drei Söhne – einer davon war ich. Geboren wurde ich im Jahr nach dem Ende des Ersten Weltkriegs. Sechs Jahre später, also 1925, übersiedelten wir nach Nordosten in die Westbeskiden, wo mein Vater eine Anstellung auf Rothschild'schem Besitz annahm. – Es muß wohl im Blut gelegen haben: Alle drei Brüder blieben wir der Forstwirtschaft treu. Auch mein eigener Sohn hat nicht mit dieser Familientradition gebrochen, und meine Tochter heiratete einen Förster.

Meine jagdliche Laufbahn begann auf der zweiten Station meines Lebensweges, in den Westbeskiden, im zarten Alter von sechs Jahren. Da hatte ich meine erste leistungsfähige Waffe zur Hand, eine Steinschleuder. Mit dieser lernte ich rasch, gut und sicher umzugehen. Mein Bruder und ich standen damals in hitziger wechselseitiger Konkurrenz bei der Spatzenjagd. Nachdem wir im Umgang mit unserem Jagdgerät schon bald eine ziemliche Meisterschaft erreicht hatten, machten wir in unserer jugendlichen Passion nicht einmal mehr vor jagdlichen Übergriffen halt: Im Zuge unserer Ferien im Süden – in den Thaya-Auen, wo wir herstammten – wilderten wir fröhlich schon größeres Wild, wie etwa Fasane oder Enten. Das funktionierte ganz passabel und ging Gott sei Dank ohne gröberen Schaden für unser weiteres Leben vorüber. So nebenbei haben wir uns natürlich auch mit der kleinen Schwester des Weidwerks vertraut gemacht, sprich: „schwarz“gefischt.

Die nächste jagdliche Etappe wurde mit dem Besitz des ersten Luftdruckgewehrs eingeläutet. Mit dem durfte ich dann hochoffiziell zur Spatzenjagd ziehen, und auch Eichhörnchen und Jungkrähen standen auf der erlaubten Abschußliste. Von Jahr zu Jahr wurde der jagdliche Speisezettel reicher, denn hin und wieder erlaubte mir jetzt der Vater auf unseren gemeinsamen Jagdausflügen sogar, mit seinem Drilling mit einer schwächer geladenen Patrone die eine oder andere Krähe zu erlegen. Die Patronen mit schwächerer Ladung hatten wir Buben natürlich selbst gefertigt.

Mit dreizehn Jahren bekam ich mein erstes „Stutzerl" im Vierlingskaliber, also in der 5,6 x 35R. Im Jahr darauf war ich mit diesem Gewehr schon völlig vertraut, konnte mit ihm schlafwandlerisch sicher umgehen und durfte nun schon auf Rehböcke weidwerken. Geschossen habe ich mit diesem Gewehr ausschließlich mit einem Hohlspitzgeschoß, das sehr verläßlich zusammenhielt und eine ausgezeichnete Wirkung hatte. Trotzdem, am Anfang mußte ich bei den Rehböcken noch einiges Lehrgeld zahlen. Aber wir waren viel draußen, lernten schnell, und so stellten sich dann bald auch auf diesem Gebiet erste jagdliche Erfolge ein.

Eine Begebenheit aus jenen – aus Sicht unserer Wohlstandsgesellschaft – kargen, aber für uns trotzdem seligen Tagen der Zwischenkriegszeit möchte ich erzählen, weil sie sehr gut die jagdliche Atmosphäre in den Beskiden und in meinem Elternhaus wiedergibt.

Als jugendlicher Hundeführer

Rehbrunft. Es war ein brütend heißer Augusttag. Obwohl erst dreizehn oder vierzehn Jahre alt, führte ich damals schon leidenschaftlich den Hund meines Vaters, den Deutsch-Kurzhaar-Rüden „Stop". Er war ein robuster, gutmütiger Hund, mannscharf, ein Alleswürger und Totverbeller. Eines Abends läutete unser Betriebstelephon im Forsthaus zu ungewohnter Stunde. Mein Vater liebte es nicht, um diese Tageszeit gestört zu werden, und das wußten die Heger, die das Revier betreuten. Wer sollte es da wagen, durch einen Anruf den Zorn des mächtigen Oberförsters auf sich zu ziehen? – Ich bekam von meinem Vater den Auftrag, ans Telephon zu gehen.

Es war – völlig ungewöhnlich – unser Reviernachbar, der Förster P. Nach entschuldigender Einleitung fragte er nach meinem Vater. Ja, ich würde nachsehen, ob er noch auf sei, antwortete ich.

„Wahrscheinlich geht es um eine Nachsuche", meinte Vater und ging mit mir, um das Gespräch entgegenzunehmen.

Die Annahme meines Vaters erwies sich als durchaus hellseherisch. Und: Er avisierte mich samt Hund für zehn Uhr des nächsten Morgens zur Nachsuche. Die ungläubige Frage des Kollegen, ob der Bub – also ich – das überhaupt werde bewerkstelligen können, wurde mit einem harschen „Der versteht sein Geschäft besser als mancher Förster!" beantwortet.

Im Anschluß berichtete mein Vater kurz den ihm zur Kenntnis gebrachten Sachverhalt: Der Förster habe mit dem Heger Rudolf auf der Sumpfwiese unterm Hochtann einen treibenden Bock krankgeschossen, der mit der Geiß danach in der Dickung verschwunden sei. Nachgesucht war nicht worden, der Anschuß aber verbrochen. Schweiß sei keiner gefunden worden. Geschossen habe der Förster mit der 9,3 x 72R, der damals

Westbesiden – im Tal der Oberen Becva.
Hier lag der Rothschild'sche Besitz, auf dem mein Vater seinen forstlichen Dienst versah.

Mein Vater mit drei Beskidenhirschen.
Einen besseren Lehrprinzen hätte ich mir
nicht wünschen können.

Als junger Bootsmaat
mit „Stop“, dem Deutsch-Kurzhaar-Rüden.

noch sehr häufig geführten „Försterpatrone“.

„Und du, Bub, bist morgen um zehn Uhr da oben. Kennst dich eh im Revier aus – auch im nachbarlichen, ich weiß das! Also, schau dazu!“ – Mit diesen Worten war die Sache für meinen Vater erledigt.

An dem folgenden herrlichen Augustmorgen war ich schon zeitig genug unterwegs, um noch ein wenig beim Nachbarn herumzuspionieren, was ich ja immer schon gerne getan hatte. Verfrüht kam ich an der Wiese an, setzte mich auf einen alten Baumstock und betrachtete die Gegend. Die Wiese war etwa einen Hektar groß. Man hatte sie seinerzeit mitsamt der angrenzenden Fichtenkultur aufzuforsten versucht, aber die Feuchtigkeit hatte ein Gedeihen der Fichten verhindert. So war sie eine sumpfige Freifläche geblieben, mit nur wenigen Fichtenbüschen bewachsen. In dem rundherum geschlossenen Wald bildete sie ein beliebtes Brunftfleckerl für das Rehwild. Den Anschußbruch, der bei einer Fichtengruppe in der Erde steckte, fand ich auch, ging aber nicht hin.

Dann kamen die beiden Herren, der Förster und der Heger; der Förster ein kleiner, hagerer, stets ernst dreinschauender Mann, der kein großer Jäger vor dem Herrn war; der Heger Rudolf hingegen ein stets verschmitzt lächelnder Rotschopf, oft zu Schabernack aufgelegt und immer neue Witze auf den Lippen. Eine kurze Begrüßung. Schuldgefühle standen ins Gesicht geschrieben. Ein mißtrauischer Blick des Försters zu mir her, dann die Frage, wie ich mir die Nachsuche denn so vorstelle. Altklug erklärte ich, daß der Rüde ein absolut sicherer Würger und Totverbeller sei, der aber nie länger als fünfzig Meter am langen Riemen ginge und dann geschnallt im Schrittempo die Schweißfährte arbeite. Danach würden wir uns zu richten haben. Skepsis leuchtete mir entgegen. Der Heger fügte dem schon Bekannten noch hinzu, daß der Bock um die vor uns stehende Bäumchengruppe herum getrieben habe und nach dem Schuß mit leicht krummem Rücken mitsamt der Geiß nach links unten in die Deckung geflüchtet sei. Weichschuß, so vermutete er.

Ich legte „Stop“ ab, und wir gingen zum Anschuß, den wir ein paar Meter vom Anschußbruch entfernt fanden. Ganz wenig Schweiß lag dort, dafür etwas mehr Grünzeug. Also Pansen war da in jedem Fall einmal dabei. Nun bat ich die beiden Herren, sich nicht mehr weiter vorzubegeben, holte „Stop“, nahm ihn an die ungeliebte lange Leine und legte ihn an. Deutlich hörbar saugte sich der Rüde fest und zog bedächtig in die angegebene Richtung. Unterwegs zeigte er mir ein paar weitere Tropfen Schweiß und auch wieder Panseninhalt. Bis zum Dickungsrand arbeitete ich ihn am Riemen. An einer der ersten Fichten verwies „Stop“ noch einmal abgestreiften Schweiß. Also Halsung runter, einige freundliche Klapse auf seinen Rücken und „Such verwundt“! Die Stummelrute freudig bewegend verschwand der Hund völlig ruhig in der

Dickung. Ich blieb heraußen stehen. Verwundert rief der Förster zu mir her, ob ich denn nicht folgen wolle?

„Nein“, antwortete ich, „das ist eine Totsuche, die dem Hund überhaupt keine Schwierigkeiten machen wird. Erst, wenn er verbellt, können wir nachgehen“.

Ungläubiges Kopfschütteln drüben, aber keine weiteren Fragen.

Fünf Minuten später schon erscholl der tiefe Baß des Hundes in gleichbleibenden Intervallen. Wir kämpften uns durchs Fichtendickicht. Es war alles andere als ein Honiglecken: Oben stachelige Nadeln, unten dürre Äste, alles noch feucht vom Tau. Bald sahen wir den Hund, der sich nun uns zuwandte und mich freundlich begrüßte. Man sah ihm an, daß er sich über mein Kommen freute. Ich bat meine beiden Begleiter, vorerst stehen zu bleiben, bis ich den Bock vom Hund übernommen hatte. So kannte er es, so wollte er es. Er umtanzte mich und den Bock jetzt, welchen ich nur durch Fichtenäste schimmern sah. Erst liebelte ich den Rüden ab, dann wurde er in einigen Schritten Entfernung abgelegt. So, nun durften auch die beiden Herren näherkommen! Hätte ich dieses Ritual nicht eingehalten, „Stop“ hätte sie sicher sofort angegriffen, trotz meiner Gegenwart. Und da ein Vorstehhund keine Dackelgröße hat, wären die beiden Herren zweifellos gröber zu Schaden gekommen. Nun aber wußte der Rüde, daß die Sache für ihn erledigt war und kümmerte sich nicht mehr um uns.

Jetzt kam der große Augenblick. Ich bückte mich, der Heger tat dasselbe, und gemeinsam zogen wir ... die Geiß heraus. Sogar Rudolf vergaß für einen Augenblick sein verschmitztes Lächeln und erstarrte. Keiner sagte ein Wort, auch der griesgrämige Förster nicht. Bei aller Jugend war mir sofort klar, daß an dieser Stelle ein „Weidmannsheil“ fehl am Platze war. Trotzdem: Hätte es für mich nicht äußerst unangenehme Konsequenzen zu Hause gehabt, ich hätte es gesagt. Denn ich mochte diesen Förster nicht. Mein Vater eigentlich auch nicht, obwohl er diesbezüglich nie ein Wort fallen ließ. Der Kollege war uns eben zu wenig Jäger. Zu viel Forst im Kopf. Somit empfand ich zu diesem Zeitpunkt bloß Schadenfreude und hätte am liebsten laut herausgelacht.

Großes Rätselraten folgte. Wie hatte das passieren können? Rudolf schwieg. Er wußte wohl schon in diesem Augenblick, daß er den Sündenbock für den Förster abgeben würde. So kam es dann auch, wie mir der Heger später einmal lachend erzählte. Ja, aber wie hatte sich die Sache wirklich abgespielt? Sicherlich war man durch das ewige Treiben des Bockes nervös geworden. Leichte Dämmerung hatte auch geherrscht. Zielfernrohre gab es damals bei uns noch keine, und so mußte man einen solchen Schuß schon gewaltig zusammenschauen. Na, und da wird halt einmal die Geiß nach vorn gekommen sein, während der Bock hinten in der Deckung blieb, oder er hatte sich niedergetan. – Angesichts solch umwerfender Tatsachen vergaß der Förster übrigens sogar darauf, sich bei mir zu bedanken, was ich ihm aber in dieser Situation nicht einmal verübelte.

So zogen wir denn nach getaner Roter Arbeit zu Tale, zum Hegerhaus, peinlichst darauf achtend, nur ja mit niemandem zusammenzutreffen, was auch gelang. Der Förster rief meinen Vater an und fragte um Rat. Erklärend sei noch gesagt, daß die Erlegung einer Geiß oder gar eines Kitzes damals eine Todsünde war. Das überließ man in den herrschaftlichen Revieren den Wilderern und den bäuerlichen Nachbarn. Die Geiß hatte überdies nur im Dezember Schußzeit.

Warum es in all den Jahren bei uns trotzdem zu keiner Geißen-Invasion gekommen ist? Erstens konnte es lange und sehr strenge Winter geben, mit Schneehöhen von über einem Meter und Temperaturen zwischen 25 und 30 Grad unter dem Gefrierpunkt; im Jahre 1928/29 beispielsweise hatten wir einige Tage lang bis zu minus 43 Grad! Und zweitens, wie schon angedeutet, hatten die Wilderer im angrenzenden Erzbischöflichen freie Hand. Das Personal durfte nicht auf sie schießen, was weidlich ausgenützt wurde. Unser 1.700 Hektar großes Revier hatte Hufeisenform und bestand fast ausschließlich aus Wald. Im Herz dieses Hufeisens lagen eine Gemeindeeigenjagd bzw. eine Genossenschaftsjagd. Dort mußte man meistens warten, was aus den herrschaftlichen Wäldern kam, also aus unserem Gebiet. Und das wurde dann genommen, gleichgültig, was es war. Auch da kamen viele Geißen zu Tode.

Selbst wenn man – wie im Falle des Försters – jemanden nicht mochte, so war man in diesen Tagen trotzdem weit von Kleinkrämerei entfernt. Mein Vater gab dem ungeliebten Mann also schließlich einen ganz einfachen Rat: Er solle die Geiß jetzt für den Eigenverbrauch übernehmen und erst im Dezember verrechnen. So geschah es dann auch, und kein Mensch hat von dieser üblen Sache je erfahren, bei der wohl auch der Teufel ein bißchen seine Hand im Spiel gehabt hat...

Während meine beiden Brüder den forstakademischen Weg wählten, stellte ich auf die Frage des Vaters nach meinem Berufswunsch von Anfang an klar, daß ich die mittlere Laufbahn einschlagen wolle: Die Vorstellung, in einer Kanzlei zu versauern, war mir unerträglich; ich wollte draußen sein, wollte in der Praxis tätig sein – etwas anderes wäre überhaupt nie in Frage gekommen. Die Aufnahmsprüfung an der Höheren Forstlehranstalt Mährisch-Weißkirchen stellte kein Problem dar, und mit fünfzehn Jahren wandelte ich entschlossen auf dem von mir ersehnten forstlichen Lebensweg. – In dieser Zeit wurde übers Jahr gelernt, in den Ferien und in der Freizeit aber wurde gejagt.

Eine Hühnerjagd in Muschau

Für mich besonders einschneidende jagdliche Erlebnisse brachte der Sommer 1936. In diesem Jahr verbrachte ich meine ersten Jagdferien in Südmähren, bei meinem Onkel in Muschau. Trotz meiner mittlerweile siebzehn Jahre hatte ich sehr wenig Erfahrung auf Niederwild. Meine Krähen, Elstern und anderes Kleinwild hatte ich immer aus Bäumen heraus erlegt, auf echtes Flugwild hatte ich noch keinen Schuß abgegeben. Nun sollte ich aber in der Gemeindejagd Muschau mitjagen dürfen. Ich würde dort meine erste Hühnerjagd mitmachen, und noch weitere Niederwildjagden standen im Bereich des Möglichen. Voller Erwartung und Spannung und mit sämtlichen Utensilien zur Patronenherstellung versehen fuhr ich von zu Hause los. Zusätzlich waren meine Nerven dadurch belastet, daß mein Vater landauf, landab als Wunderschütze bekannt war und ich ihm keine Schande machen durfte.

Mein Onkel, ein grundgütiger Mann, der die Jagd nicht mehr ausübte, versuchte mich in diesen meinen Ängsten zu beruhigen. Rebhühner, so meinte er zum Beispiel, seien ganz einfach geschossen: „Man muß immer nur auf das Köpferl zielen, mitziehen und völlig unbewußt abdrücken. Dann fallen sie wie die reifen Birnen herunter."

Meine Gegenfrage, warum denn dann immer alle so lamentierten über den großen Patronenverbrauch, wurde lächelnd auf folgende Art und Weise beantwortet: „Na, die machen es eben nicht so, wie ich dir gesagt habe!"

Die erste Hühnerjagd rückte näher. Trotz der riesigen Vorfreude fürchtete ich mich, ehrlich gesagt, weiterhin davor. Patronen wurden angefertigt, und auch da wußte der Onkel wieder für mich Neues zu berichten: „Für die ersten Tage nach dem Aufgehen der Jagd, wenn die Hühner noch fest halten, braucht man keine vollen Ladungen. Da geht es noch mit weniger Pulver und Schrot, außerdem zerschießt man die Hühner nicht."

Das war ein wertvoller Hinweis, denn damals waren wir kaum in der Lage, uns neue Patronen zu leisten. Es wurden also nur die Hülsen und das weitere notwendige Zubehör gekauft und in Eigenregie geladen. Die ausgeschossenen Hülsen wurden wieder „kapsliert" und frisch gestopft, bis die Hülsen ausfransten. Diese wurden dann gekürzt, die Fransen glattgeschnitten und konnten mit etwas geringerer Ladung wieder verwendet werden – für junge Krähen zum Beispiel oder aber eben für gut haltende Rebhühner, wie ich soeben gelernt hatte.

In jenen Tagen hatten die Hühner in den Weingärten ab dem 4. August Schußzeit, ab dem 15. August dann überall. Die Weinriede war aber nicht voll geschlossen, es gab immer wieder Felder und Kleeäcker dazwischen, so daß der Großteil des Reviers erst ab dem 15. bejagt wurde. In den geschlosseneren Rieden jedoch, wo vorher schon gejagt wurde, mußte man höllisch aufpassen, da die Sicht immer wieder durch die Kulturen verstellt war und überall gearbeitet wurde. Zusätzlich mußte man sich die aufstehenden Hühner vor dem Schuß genau ansehen, um die „Gabler“ zu schonen – also die nicht fertig ausgewachsenen Junghühner, deren Stoß nicht voll ausgefiedert war. Die Gabelform ergibt sich dadurch, weil die Randfedern noch länger als die übrigen sind. Gabelhühner zu erlegen, galt als unweidmännisch. Aus diesen Gründen bekam ich von meinem Onkel den Rat, mit dem Mitgehen erstens so lange zuzuwarten, bis alle Teile des Reviers bejagt wurden, und zweitens die Weinberg-Hühner auch später dann in Ruhe zu lassen, selbst wenn sie vor mir hoch wurden. In der Zwischenzeit sollte ich mir abends in den Ausständen der Thaya auf einfallende Enten ein wenig Übung mit der Flinte holen. Nur müsse ich bei den Enten halt im Abdrücken den Schuß vorwerfen, denn die seien schneller als die Hühner.

Und siehe da, die Enten fielen, und nicht einmal schlecht. Stets mußte dem Onkel über den Ablauf der Jagd berichtet werden, was man ja gerne tat. Kurz, diese Entenanstände wurden volle Erfolge. Ohne Ente bin ich an keinem einzigen Abend heimgegangen. Mein Renommee unter den dörflichen Jägern stieg beträchtlich, und sogar im Dorfgasthaus wurde schon über mich und mein Jagen gesprochen, wie mir mein Cousin voller Stolz erzählte.

Dann kam der große Tag meiner ersten Hendljagd. Wir trafen im Gasthof zusammen, fast lauter bäuerliche Jäger, von drei Wiener Herrenjägern, dem Oberjäger und einem Gendarmen einmal abgesehen. Keiner der Jäger außer mir zählte unter vierzig Jahren; alle Anwesenden, die jünger waren, gingen bloß als Treiber mit. Ein bunter Haufen, nach heutigen Begriffen kaum jagdlich gekleidet, bis auf die drei Herrenjäger, die im „Hendlanzug“ – im Jägerleinen – erschienen waren. Nicht wenige Schützen hatten ihre bäuerliche Arbeitskleidung an, mit dem blauen Winzerschurz und dem obligaten Strohhut. Die Treiberbuben liefen barfuß oder hatten höchstens leichte Sandalen an den Füßen. Um die zwanzig Jäger waren es insgesamt, etwas mehr Treiber und sieben oder acht Vorstehhunde, die durcheinanderliefen und ab und zu rauften. Nicht jedem Hund war die Rasse an der Nasenspitze anzusehen, aber auch die Mischlinge entsprachen im Habitus dem Deutsch Kurzhaar der damaligen Zeit: wesentlich gröber als heute, fast alle entweder voll braun oder Brauntiger. Kaum einer von ihnen hatte eine „Ausbildung“ gehabt, denn welcher Bauer hatte schon genügend Zeit für einen Hund? Nicht ausschließlich zum Jagen war ein solcher Vierbeiner da, sondern er kam auch zur Feldarbeit mit oder zum Wasser, wenn die Pferde am Abend in der Thaya geschwemmt wurden, oder in den Auwald, wenn es um Holz oder Gras ging. Oder er tobte mit der spielenden Dorfjugend umher. Aber vorstehen tat ein solcher Hund wie ein Einser, und Kranksuchen wurden ebenfalls erstaunlich sicher absolviert. Außer dem Deutsch Kurzhaar sah man hier in Südmähren keine andere Rasse, außer vielleicht einmal bei einem Berufsjäger, Förster oder einem Herrenjäger.

Der Jagdleiter begrüßte kurz und knapp die Runde. Natürlich bemerkte er, daß viele der Jäger fragend auf mich sahen und versuchten, den Schützen auszumachen, dem ich das Gewehr trug. Also fügte er, nach den Grußworten und dem Weidmannsheil, folgende Sätzen an: „ ... und damit es wißts, der junge Mann do is der Bua vom Zecha Naz, den es eh olle kennts. Es is a der, der die Anten schiaßt und trifft. Er hot a Jogdkortn und an Waffenschein, und i hoff, daß er dem Naz ka Schand ned mocht. So, des wißts jetza. Nocha wird auf Kinigl *(= Kaninchen)* a gschossen, die san frei. Tats ma ober kan Junghosn mit an Kinigl verwechseln. Und a kan Jungfoson, die am Kellerberg sein kenntn. Paßts guat auf, und wer a Hendl zerschiaßt, muaß es kafn. So, nocha gemmas holt on!“ – Mein Gott, was war ich damals verlegen, weil er mich derart aus unserer Runde hervorgehoben hatte!

Dann wurden die Hunde gleichmäßig aufgeteilt. Schließlich wies man auch mir einen Buben zu, dem ich meinen Hühnergalgen überlassen konnte. Die zu bejagenden Gebiete bestanden aus Kleinfeldern, richtigen „Handtüchern“, denn von Kommassierung war längst noch keine Rede. Die Getreideäcker waren abgemäht, die Kornmanderln schon zur Dampf-Druschmaschine oder in den Stadel eingefahren, um im Winter per Dreschflegel – mit Nachbarschaftshilfe – gedroschen zu werden. Die Landschaft gliederte sich harmonisch durch abwechslungsreiche Streifen mit Kartoffeln, Rüben – ohne Bewässerung, mit welken, am Boden aufliegenden Blättern –, Kleeschläge, und dazwischen lagen Weingärten, Felder mit Gurken oder Melonen und Wiesenstreifen. Ein paar wenige größere Herrschaftsbreiten, meist mit Rüben bebaut, gab es auch. Kurzum, idealer konnten die Bedingungen fürs Niederwild nicht sein. Einzelne Akazien-Remisen waren in dem ebenen bis leicht hügeligen Gelände auch vorhanden. Entlang der Thaya dominierte der dschungelartige Auwald, und Überschwemmungswiesen bildeten den Übergang zu den Feldern. Kurz, es sah hier ähnlich aus, wie in dem nahe gelegenen und für seine unglaublichen Niederwildbesätze berühmten tschechischen Staatsrevier Pohrlitz, das später – von 1938 bis 1945 – zum Naturschutzgebiet und Reichsjagdgebiet Lobau gehören sollte.

Aber zurück zur Hühnerstreife jenes Tages.

Meinen Patronengurt hatte ich mit „Schwachpatronen“ gefüllt, denn die Hühner waren noch unbejagt. Nun knallte es öfters, auch neben mir, bei einem Verwandten und routinierten Jäger, der gerade eben seine übliche Dublette geschossen hatte. „Heiliger Hubertus, laß bitte vor mir keine Hühner hochwerden“, betete ich, als es unvermittelt doch passierte: Mit schrillem „Tschiri-Tschiri“ stand eine Kette auf. Völlig in Trance hielt ich hin, und das Wunder geschah! Zwei Hühner fielen wie Steine auf die Kleestoppel. Ich war sprachlos.

„Bravo Ernstl! Weiter so!“

Erst dieser Zuruf meines Verwandten brachte mich wieder auf den Erdboden zurück. Mit zitternden Fingern nahm ich die Hülsen aus der Flinte, um sie zwecks Wiederverwendung in die rückwärtige Hosentasche zu stecken.

Die Streife schritt voran. Ab und zu wurde stehen geblieben, bis ein krankgeschossenes Huhn zur Strecke gekommen war. Eher gab es kein Weitergehen. Und noch etwas gab es da nicht, was man heute leider immer wieder sieht: Es durfte nur jener Hund suchen, der dort arbeitete. Völlig unbeeinflußt von seinem Herrchen, ohne Befehle oder Korrekturen, suchte dieser, bis er das Huhn hatte. Wie weit den Hund dabei die Suche führen konnte! Oft genug sah man schon ungläubiges Kopfschütteln bei manchen Jägern, bis schließlich doch irgendwo weit vorne in der Kartoffel- oder Rübenfurche das Huhn hochflatterte und vom Hund gegriffen wurde. So sicher konnten diese Hunde aber auch nur deshalb arbeiten, weil sie den ganzen August und den halben September beinahe täglich im Einsatz waren.

Diese Hunde waren reine Praktiker. Höchstens, daß einer von ihnen einmal als „Jugendlicher“ dem Herrschaftsjäger oder Förster gegen Naturalien für ein paar Wochen zur „Dressur“ anvertraut wurde. Für den Rest ihres Hundelebens blieben die Jagdhelfer aber auf sich und ihren Jagdverstand allein gestellt.

Um es kurz zu machen: An jenem Tag meiner allerersten Hendljagd erlegte ich mit 17 Schuß 14 Hühner und war damit Schützenkönig! Gejagt hatten wir von elf Uhr vormittags bis etwa vier Uhr nachmittags, mit einer kleinen Rast in den Weinkellern, wo für die Hunde auch genügend Wasser bereitstand. Die gesamte Tagesstrecke betrug rund zweihundert Hühner.

In dieser Tonart ging es dann beinahe Tag für Tag weiter, wenn das Wetter paßte. Meist schoß ich ganz gut. Aber es gab auch Tage, an denen ich einfach nichts traf, oder wenn, dann schlecht. Da half auch kein Gewehr- oder Patronentausch. Ich zog meine Lehren daraus. Sobald ich merkte, daß es nicht mein Tag war, hängte ich mir die Flinte einfach um und setzte die Jagd als Treiber fort.

Niederwild in Pohrlitz – ein Traum aus vergangenen Tagen

Konnte es zu diesem aus dem vollen schöpfenden Niederwildjagen noch eine Steigerung geben? – Es konnte. Denn der Zufall wollte es, daß die damalige tschechische Staatsjagd um Pohrlitz von einem Schulkollegen meines Vaters geleitet wurde. von „Onkel Otto“, wie wir Kinder den Kollegen meines Vaters aus Forstschultagen nennen durften. Die von ihm geführte Staatsjagd erstreckte sich von der heutigen österreichisch-tschechischen Grenze entlang der

Thaya hinauf nach Norden bis eben Pohrlitz.

Eines Tages im Laufe meines Ferienaufenthaltes 1936 in Muschau flatterte eine Korrespondenzkarte von „Onkel“ Otto auf den Tisch: Ich möge am Abend des soundsovielten August bei ihm eintreffen, mit Flinte und Patronen. Am darauffolgenden Tag gebe es nämlich eine kleine Hendljagd, ohne Prominenz, nur im engsten Kreise, und dazu sei auch ich herzlichst eingeladen. Sofort begann ich mit der Herstellung von Patronen, besorgte mir ein Fahrrad, und dann ging es die rund zwanzig Kilometer auf Schotterstraßen dahin. Seit Tagen brannte die Sonne unbarmherzig auf die Landschaft herunter. Mit meinen Patronen, der Flinte, ein bißchen Proviant und sonst nur dem Allernötigsten im Rucksack erreichte ich nach gut zwei Stunden mein Reiseziel. Ich wurde freundlich aufgenommen und durfte ein Zimmer im Gästehaus beziehen. Schließlich wurde mir der ganze Gutskomplex von Onkel Otto persönlich gezeigt und erklärt. Für mich war alles völlig neu und furchtbar interessant. Besonders beeindruckten mich die Hundezwinger, die Pferdestallungen, die Jagdwagen und insgesamt, wie ordentlich und gepflegt alles war. Bei den Hunden lernte ich den Cesky Fousek kennen, den tschechischen Rauhhaar, bei dem ich keinen Unterschied zum Deutsch Drahthaar erkennen konnte. Die Entstehungsgeschichte dieser „neuen“ Rasse wurde mir aber bald klar: Da in der Tschechoslowakei nach 1918 alles verpönt war, was nach „deutsch“ klang, war es völlig unmöglich, einen Deutsch Kurzhaar oder Deutsch Lang- oder Rauhhaar zu besitzen! Aus diesem Dilemma befreite man sich, indem man eben einen tschechischen Rauhhaar züchtete. Außer den Vorstehhunden fielen mir auch noch zwei Stöberhunde auf, noch nicht wissend, daß ich bereits am folgenden Morgen Gelegenheit haben sollte, die Hunde bei einer Spezialarbeit zu sehen.

Mit Freude leistete ich der Einladung zum Abendessen Folge. Danach, bei einem Gläschen Wein, wurde ich gefragt, ob ich in der Früh – vor der Hendljagd – Lust habe, auf Kaninchen mitzujagen. Die Kaninchen würden in den Rüben am Abhang zur Au gewaltigen Schaden anrichten, da müsse wieder einmal etwas geschehen. Und ob ich Lust hatte! Erfreulich klang auch die Mitteilung, daß es in diesem Staatsrevier Schußlöhne fürs Personal für alles erlegte Wild gebe. Beim Niederwild war das ein Betrag, der ungefähr das Zweieinhalbfache dessen ausmachte, was eine Patrone kostete. Onkel Otto wollte das von mir zur Strecke gebrachte Wild auf seinen Namen nehmen und mir dann den Schußlohn auszahlen. Ich war sprachlos: Da wurde ich in so ein Revier eingeladen, und dann sollte ich auch noch Geld dafür bekommen!

Eine kurze und traumreiche Nacht folgte. Hekatomben von Kaninchen und Hühnern kamen in den Träumen vor, wahre Ungeheuer von tschechischen Hunden und was weiß ich noch alles. Doch da klopfte schon der Heger an die Tür, eine rasche Morgentoilette, eine Tasse Milch mit einem herrlichen Kolatschen, und schon fuhren die Jagdwagen im Hof vor. Als wir uns auf den Weg machten, lag noch finstere Nacht über dem Land.

Eine halbe Stunde später hielten wir am Rand des Auwaldes. Noch eine knappe Begrüßung, und schon setzte sich die Korona zu Fuß in Bewegung. Dann kam die Aufteilung auf die Stände, die sich als kleine, mit Eichenreisig verblendete Sitzbänke darstellten, aus denen man gerade über die Deckung drübersah. Zwischen dem Auwald und dem Rübenacker zog sich ein Feldweg dahin. Der Rübenacker war von den Karnickeln ziemlich stark gelichtet, oder besser: fast völlig kahlgeäst, wie man später bei Tageslicht sah. Somit verblieb zwischen Au und Acker ein Streifen von fünf bis zehn Meter, auf dem man relativ freies Schußfeld hatte.

Bevor die Jagd losging, wurde mir erklärt, wie die Dinge ablaufen würden: Zuerst schoß man auf Kaninchen, die von den Rüben in die Au zurückwechselten, was sich bis etwa eine halbe Stunde nach Büchsenlicht abspiele. Daraufhin würden die Hunde geschnallt, um die erlegten Kaninchen zu bringen. Im Anschluß sollten die Hunde nochmals die Rüben durchstöbern, denn zu diesem Zeitpunkt seien immer noch recht viele „Sandler“ dort drin. Es werde nur noch nach vorne geschossen und nur am Weg oder knapp davor. – Also, ich war da ziemlich skeptisch. Ob das so funktionieren konnte? Es konnte!

Was ich da an Hundeverstand sah, übertraf alle meine Vorstellungen. Zuerst ging es ja noch ohne Hunde, in der Dämmerung. Da mußte man extrem schnell sein mit dem Schießen, denn die Sandler flitzten im Zickzack zwischen Rüben–Unkraut–Weg–Au in die schützende Deckung. Meist kam man erst vor den Sträuchern des Waldrandes zu Schuß und sah oft das Kanin gar nicht mehr. Es krachte vor mir und hinter mir, und ich selbst war natürlich auch vollauf beschäftigt, man mußte ja ständig auf Draht sein. Längst war ich aufgestanden und schoß stehend. Dann gab Onkel Otto das Kommando „Hahn in Ruh! Hunde Apport!“ Für das Bringen wurden nur die Vorstehhunde eingesetzt. Da sah man ihre unglaubliche Routine. Sie suchten so ruhig und genau! Ab und zu hörte man aus der Dickung den Klagelaut eines Kaninchens. Und, was mich besonders verblüffte: Keiner der Hunde ging nach links in die Rüben! Nur der Streifen, auf dem die Karnickel beschossen worden waren, wurde abgesucht. Ganz selten erklang eine Anweisung des Hundeführers.

Eine Viertelstunde dauerte die Suche. Dann kam das Kommando „Hunde in die Rüben!“ Nun ging es dort rund. Erst bei dieser Arbeit setzte Onkel Otto zusätzlich die beiden Stöberhunde ein. Die Hunde wußten genau, worum es ging und jagten bogenrein, also nur bis zum Weg. Ich war von der Hundearbeit derart begeistert, daß ich oft aufs Schießen vergaß. Für mich, der ich selbst in engstem Kontakt mit Hunden aufgewachsen bin, ist die Hundearbeit immer das Schönste und Wichtigste am Jagen gewesen – und auch bis heute geblieben. Die vor den Hunden geschossenen Kaninchen wurden sofort gebracht, auch verfolgt und gebracht, wobei nach dem Abgeben sofort wieder weitergestöbert wurde. Ganz so viele Schüsse wie zuvor fielen jetzt nicht mehr, dafür konnte man sauberer schießen. Zwanzig Minuten mag diese Phase der Jagd gedauert haben, dann beendete Onkel Otto die Morgenjagd. Nochmals wurden die Hunde zur Nachsuche ermuntert, aber es kam nichts mehr zur Strecke.

Die Teilnehmer an der Jagd kamen zusammen, Palaver setzte ein. Jeder war voller Begeisterung – über die Hunde, die exzellenten Schüsse ... und die eigene Leistung. Die Pferdewagen rollten heran, wir stiegen auf, die Strecke von rund fünfzig Kaninchen wurde aufgeladen, und dann fuhren wir zurück zum Gutshof. Dort wurde kräftigst gefrühstückt und eine Bettruhe eingelegt. Um zehn Uhr sollte die Hühnerstreife beginnen.

Wieder klopfte es rechtzeitig, ein weiteres Mal wurde ordentlich gejausnet – wir würden ja durchjagen –, dann fuhren wir erneut mit dem Pferdewagen ins Revier. Im Gegensatz zum Morgen hatten die Heger jetzt kein Gewehr mit. So waren wir gerade einmal fünf Schützen.

Keine Wolke stand am Himmel, die Luft flimmerte, nicht das geringste Lüftchen regte sich; ideales Hühnerwetter also. Das Revier ähnelte jenem in Muschau bei meinem „echten“ Onkel sehr stark, kein Wunder, war es im Prinzip doch dasselbe Gebiet. Zuerst sollten die Anhöhen mit den Weingärten hin zu den Feldern bejagt werden, dann die Felder zu den Auwiesen hin, auf denen das Grummet halbwadelhoch stand. Erfahrungsgemäß war dies die beste Art und Weise, die Hühner in diesem Revierteil auf einer einzigen Jagd zu bejagen, um sie dann für den Rest des Jahres in Ruhe zu lassen.

Onkel Otto hatte mir auf dem Gutshof noch hundert (!) von seinen Patronen zugesteckt, denn meine eigenen waren bei der Karnickeljagd empfindlich dezimiert worden. Zehn Treiber warteten mit ihren Tragekörben bereits an Ort und Stelle. Diese Tragekörbe waren so beschaffen, daß sie oben zwei Querstangen und unten eine weitere hatten, auf die dann die geschossenen und ausgehakelten Hühner aufgehängt wurden, bis man in die Nähe der Jagdwagen kam, wo umgeladen wurde. Die Heger mit den Hunden wurden zwischen uns aufgeteilt, und es ging los. Die Hühner hielten hervorragend, es wurde ausgezeichnet geschossen. Am frühen Nachmittag hatten wir die Weingärten und Felder durchgetrieben, es gab eine Rast im Schatten einer Akazien-Remise, mit gewässertem Wein für uns und Wasser für die Hunde. Zusätzlich stand für letztere sogar eine Badewanne bereit, in der sie sich nach Lust und Laune austoben konnten. An was man da nicht alles gedacht hatte!

Auch in den Überschwemmungsgebieten hielten die Hühner bombenfest, wohl durch die dichte Grasdeckung bedingt. Außerdem stoben sie nicht auf einmal davon, sondern wurden mehr oder weniger einzeln hoch. Hier war es fast eine Kunst, die Hühner nicht zu treffen! Wir kamen nur sehr langsam voran, denn immer wieder standen die Hunde vor. Wie im Flug verstrich die Zeit.

Alles geht einmal zu Ende, so auch dieser wunderschöne Jagdtag, der mir persönlich die höchste Tagesstrecke meines Jägerlebens an Niederwild eingebracht hat: Mit exakt 99 Schuß hatte ich 91 Hühner erlegt! Insgesamt hatte ich zwar 14 Fehlschüsse fabriziert, die aber dadurch ausgeglichen wurden, daß ab und zu – völlig ungewollt – auch einmal zwei oder gar drei Hühner auf einen Schuß hin fielen. Das geschah dann, wenn die Kette plötzlich herumschwenkte und man den Schuß nicht mehr halten konnte.

Rasch wurde alles gepackt, die notwendigen Vorkehrungen für die Versorgung des Wildes getroffen, und dann ging es als Abschluß noch in den Weinkeller, wo wir alle, ohne Unterschied von Rang und Stand, Gäste von Onkel Otto waren. In zwei Sprachen – nicht alle Heger sprachen Deutsch – wurden die Erlebnisse des Tages nochmals zum Leben erweckt. Zu fünft hatten wir an diesem Tag, ohne die Strecke des Morgens einzurechnen, 311 Hühner, 16 Kaninchen und einen Iltis erlegt. Wie bei meiner allerersten Hühnerjagd hatte ich einen besonders guten Tag erwischt: So wie damals hatte ich das meiste Wild geschossen. In diesen drei Stunden des gemütlichen Beisammenseins drehte sich die Unterhaltung ausschließlich um Jagd. Niemand sprach über Politik, obwohl zu dieser Zeit schon dunkle Wolken den europäischen Himmel verdunkelten.

Zwei Jahre später wurden die Reviere um Pohrlitz dem (deutschen) Reichsjagdgebiet Lobau – gleichzeitig Naturschutzgebiet – angeschlossen. Diese 10.000 Hektar umfassende Jagdfläche ist meines Wissens nach das einzige Niederwildbiotop geblieben, das zum Naturschutzgebiet erklärt wurde. An dem schier unglaublichen Niederwildbesatz in Pohrlitz änderte sich in diesen Jahren nichts. Im Jahr 1944 zum Beispiel betrug die Niederwildstrecke hier sagenhafte 15.500 Stück, Wildkaninchen, Raubwild und Raubzeug nicht eingerechnet! Ein weiteres Beispiel: Am 4. und 5. November 1944 wurden von neun Schützen 3.300 Fasane erlegt, nahezu ausschließlich Hahnen! – Als ich Jahrzehnte später, in der Dubcek-Ära, noch einmal in diese Gebiete zurückkehrte, war die Landschaft nicht wiederzuerkennen: Es gab keine Weingärten mehr, auch die ganze Struktur hatte sich massiv verändert. Nur mehr großflächige, ungepflegte Monokulturen, leere Ortschaften, manche durch Zigeuner neu besiedelt, Stauwerke an der Thaya... Niederwild gab es schon damals nur mehr wenig, einzig die Enten hatten durch die Stauseen zugenommen. Ich nehme an, daß es bis heute noch um vieles schlechter geworden ist.

Der Jagdtag, den ich im Jahre 1936 in Pohrlitz verleben durfte, erscheint mir heute wie ein Traum. Mit unvergeßlichen Eindrücken und mir – trotz Gegenwehr – von meinem Onkel aufgenötigten weiteren geschenkten Patronen, Geld und fünf Hühnern an der Lenkstange radelte ich zurück nach Muschau. Onkel Otto wurde später aus Pohrlitz vertrieben und landete als Forstamtmann in Bayern. In tiefer Dankbarkeit lege ich in Gedanken einen letzten Bruch auf sein Grab...

Im Jahr 1938 maturierte ich und übersiedelte anschließend kurzfristig auf ein Gut nach Südböhmen. Die gewaltigen weltpolitischen Gewitterwolken über Europa hatten sich mittlerweile verdichtet und waren unübersehbar geworden. Die Sudetenkrise strebte ihrem Höhepunkt zu. Es war eine äußerst kribbelige Zeit. Die Reden des „Führers", die ich der Familie des mir vorgesetzten Oberförsters übersetzen mußte, verhießen nichts Gutes. Gegen Ende September schließlich wurde es ganz mulmig, als man das Gebiet zum militärischen Sperrgebiet erklärte. Über Rundfunk wurde die Generalmobilmachung der Tschechoslowakei ausgerufen. Mitten in einer dieser Nächte vor dem Münchner Abkommen in der Sudetenfrage rief mich mein Vorgesetzter in die Kanzlei, übergab mir die Schlüssel und alle Unterlagen für die Führung des Reviers und verschwand samt dem Besitzer des Gutes zu seiner mobilgemachten Einheit. Mir – der ich als Sudetendeutscher sowieso nicht allzu gern gesehen war – wurde die Geschichte jetzt zu brenzlig. Ich packte kurz entschlossen meine Sachen, übergab alles Notwendige in der Früh der Frau des Besitzers und den übrig gebliebenen Hegern und rauschte ab. Nach abenteuerlichen Wegen und auf gefährlichen Umwegen kam ich drei Tage später wieder bei meinen Eltern in den Beskiden an. Inzwischen waren auch hier die tschechoslowakischen Forstleute alle eingezogen worden, es herrschte akuter Mangel an Fachleuten aus diesem Bereich, und so waren nicht nur meine Eltern, sondern auch der Forstdirektor froh über meine Rückkehr. Ich wurde meinem Vater dienstlich zugeteilt.

Aber auch diese Phase währte nur kurz. 1939 erfolgte die Einberufung zur Deutschen Wehrmacht. Ich landete schließlich bei der Marine, aber es gab auch Landeinsätze. Im Krieg sollte ich die verschiedensten Länder Europas kennen lernen, zum Glück wenigstens auch jagdlich...

So habe ich zum Beispiel in Frankreich viel jagen können, in erster Linie auf Niederwild, aber auch auf Rotwild, Schwarzwild und Rehwild. Unter anderem gelang es mir, drei wirklich kapitale französische Rehböcke zu erlegen, deren Trophäen leider verloren gegangen sind. In besonderer Erinnerung ist mir aber ein Sauriegler im besetzten Frankreich geblieben, der sich im Jahr 1941 abgespielt hat.

Eine französische Sauhatz

Um diese Sauhatz zu verstehen, muß man zunächst kurz auf die dort damals herrschenden jagdlichen Verhältnisse eingehen. Die Jagd durfte nur von Soldaten bzw. Gefolge ausgeübt werden, die im Besitz eines Wehrmachtsjagdscheines waren. Diesen erhielt man beim Jagdoffizier der Feldkommandatur, wenn man einen deutschen Jahresjagdschein vorweisen konnte, oder man unterzog sich einer Jagdprüfung. Der Jagdoffizier war nicht irgendein mit der Sache Betrauter, sondern es waren echte Fachleute, die auch in ihrer Heimat schon jagdliche Meriten gesammelt hatten. Die Feldkommandatur war in Jagdgebiete eingeteilt, und sämtliche Jagdscheininhaber waren verpflichtet, an solch einem angesetzten Sauriegler teilzunehmen. Denn die Franzosen hatten zu diesem Zeitpunkt ja keine Waffen, und das Schwarzwild ging auf den Feldern ganz gewaltig zu Schaden. Die Jagdausübung mit dem 98er-Karabiner war verboten, wenn auch bei der Einzeljagd üblich. Doch bei so einer Gesellschaftsjagd mußte man eben die mit einem Flintenlaufgeschoß geladene Flinte nehmen, sofern man sich nicht seine eigene Kugelwaffe aus dem Urlaub mitgebracht hatte. – Die Sauhatz fand im Herbst statt und wurde gewöhnlich so zwei, drei Mal im selben Jahr wiederholt. Insgesamt handelte es sich dabei mehr um eine Alibihandlung, denn es kam dabei selten Wild zur Strecke.

Unser Vorgesetzter, mein Freund Udo, bewaffnet mit seinem Mannlicher-Schönauer, fuhr mit mir gemeinsam zur Hatz. Große Begrüßung am Anfang, so an die dreißig Schützen aller Dienstgrade waren gekommen. Auch der Waldbesitzer nahm teil, ein französischer Graf, der sich mit dem Jagdoffizier gut verstand und von diesem leihweise eine Flinte für diesen Tag zur Verfügung gestellt bekommen hatte. Der Graf, hoch zu Roß, präsentierte sich wie zur Fuchsjagd gekleidet, ebenso seine Piqueure samt Bläsern und einer Meute von zwölf rotweißen Brackierhunden. Zusätzlich hatten sich zwanzig Soldaten als Treiber eingefunden. Die Stände wurden verlost – ohne Rücksicht auf den Dienstgrad. Der Wald hier bestand hauptsächlich aus Edelkastanien, einem Eichen-Niederwald und zum Teil Kiefernaltholz. Das ganze Gebiet war von enorm hohem Farnkraut unterwachsen, auch viele Sträucher gab es.

Nun ließ uns der Graf die Signale vorblasen, und es ging los. Ich stand auf einem Weg, so an die vierzig Schritt vor einer rechtwinkeligen Kurve, hinter der ein Luftwaffen-Leutnant seinen Stand bezogen hatte. Als letzter war der Jagdoffizier angestellt. Vorerst einmal tat sich gar nichts, außer dem Jagdsignal war nichts zu hören. Aber es dauerte nicht lange, dann erklang das Geläut der jagenden Meute, allerdings weit weg. Es kam auch nicht näher. Kein Schuß fiel. Vom Ausschuß her war mein Stand höchst schwierig. Beide Seiten des Weges waren vom Waldrand weg dicht verwachsen, man sah nicht hinein in die Kastanien wegen des Farnes. Der Schuß konnte und mußte also auf dem sechs Meter breiten Weg fallen. Wenigstens war aber hier keine Gefährdung der anderen Jagdteilnehmer möglich, da der Waldweg zur Triebseite hin abbog. Die Nachbarschützen sah ich nicht, wußte nur ungefähr, wo sie standen.

Meine Zwölferflinte, mit den „fliegenden Kartoffeln" geladen, hatte ich überm Arm, wie halt bei einer Niederwildjagd. Plötzlich, ohne jede Vorwarnung, überfielen der Reihe nach fünf oder sechs Überläufer in der Kurve den Weg. Auf den letzten kam ich gerade noch zurecht, bevor er in der angrenzenden Dickung verschwand, und sah ihn Kopf stehen! Jetzt fielen auch weiter weg ein paar Schüsse. Dann kehrte wieder Ruhe ein.

Nach einer Weile wurde die Jagd abgeblasen. Ich begab mich zum Anschuß. Fast gleichzeitig mit mir kam dort auch der Leutnant an, der im übrigen eine saubere 7-mm-Mauser führte. Der Überläufer lag verendet neben dem Weg. Wir beide standen da, keiner sagte ein Wort. Auch wenn ich nur Matrosengefreiter war, könnte der mir doch Weidmannsheil wünschen, dachte ich. Aber kein Glückwunsch folgte. Der Leutnant drehte nur den Überläufer um, da sah man auch schon das schöne kreisrunde Loch der Zwölfer-Brenneke. Wortlos begann ich nun, das 35-Kilo-Keilerchen aufzubrechen, was wegen der hohen Temperaturen gewünscht war.

Der Jagdoffizier kam, schaute uns beide an und fragte, wer denn die Sau erlegt hätte. Der Leutnant und ich erwiderten gleichzeitig bestimmt: „Ich, Herr Hauptmann!"

Und jetzt, bei der genauen Untersuchung, gab es für mich eine große Überraschung. Auch die Kugel des Leutnants auf der anderen Seite des Wildes saß einwandfrei. Wir hatten à tempo geschossen, was mir sonst in meinem ganzen Jägerleben nur noch ein einziges weiteres Mal untergekommen ist. – Keine der beiden Kugeln hatte den Wildkörper durchschlagen. Der Jagdoffizier besah sich nochmals die ganze Situation, brach einen Eichenbruch und gab diesen mit einem „Weidmannsheil" ... mir! Zum Leutnant meinte er, daß wohl auch sein Schuß das Wild zur Strecke gebracht hätte, doch sei mir die Sau um gut zwanzig Meter näher gekommen, und außerdem sei der Schuß mit der Brenneke höher zu werten.

Gemeinsam zogen der Leutnant und ich die Sau, sie jeder an einem der Vorderhämmer fassend, zum nahen Sammelplatz, wo es ob des Doppelschusses ein gewaltiges Hallo und Händeschütteln gab. Mein Überläufer blieb übrigens die einzige Beute des gesamten Jagdtages. Wohl war meinem Vorgesetzten, der ein spätreifer Jungjäger war, noch eine Rotte Überläufer gekommen. Doch er, der in seinem ganzen Leben noch nie eine Sommersau durchs Gestrüpp flitzen gesehen hatte, meinte offensichtlich, das müßten wohl so etwas wie Zwergesel sein. Daß nach seinem Bericht alle Jagdteilnehmer hämisch grinsten, fiel dem Guten gar nicht auf.

Bei der Streckenlegung des einzigen Wildes des Tages kam etwas auf mich zu, das ich damals noch nicht kannte. Es wurde mir die Schwarte eines Laufes des Überläufers überreicht, die so hergerichtet war, daß sie eine Art Zopf bildete. Es dauerte eine Zeitlang, bis ich verstand. Das war die in dieser Gegend übliche Form der Trophäe, sowohl beim Schwarzwild als auch beim Rotwild! Diese Trophäen wurden über dem Scheunentor angenagelt, zur Abwehr böser Geister. Heute weiß ich aus der Jagdliteratur und weil ich es auf meinen jagdlichen Streifzügen selbst noch des öfteren gesehen habe, um diesen alten Brauch. Damals, bei der französischen Sauhatz mit dem A-tempo-Schuß, war mir diese Gepflogenheit noch völlig unbekannt.

Über Nordfrankreich führten mich weitere militärische und auch jagdliche Einsätze hinauf bis nach Belgien. In Holland bin ich ebenfalls häufig zum Jagen gekommen, auch in den Privatrevieren des damaligen Prinzen Bernhard. Da spielte natürlich die Wasserwildjagd die Hauptrolle, aber auch das übrige Niederwild. Und schließlich blieben die kriegsbedingten Aufenthalte in Deutschland ebenfalls nicht völlig ohne Jagd. Besonders gut steht mir dabei das Jagen auf Rehwild in Franken vor Augen.

Nach dem Krieg blieb ich zunächst in Deutschland – ich hatte eine Deutsche geheiratet – und arbeitete ein paar Jahre lang im Harz und in Ostfriesland. Die wirtschaftliche Lage war katastrophal. Nach und nach wurden in meinem damaligen Betrieb die Forstbeamten gekündigt, und ich war 1949, nach dem Jahr der Währungsreform, als letzter von 15 aus dem Dienst entlassenen Außenbeamten arbeitslos. Ich mußte nun zurück nach Österreich. Aber wohin sollte ich gehen?

In die Russenzone im Wiener Raum konnte ich nicht, weil ich dort als ehemaliger Reserve-Offizier nicht erwünscht war. Also ging ich fürs erste als Arbeiter in die Steiermark, nach Unzmarkt/Frauenburg, auf die Säge des Fürsten Schwarzenberg, wo mein Bruder seinen forstakademischen Dienst verrichtete. Weitere Stationen unter zum Teil abenteuerlichen wirtschaftlichen Verhältnissen waren Rekawinkel im Wienerwald, dann das Machland in Oberösterreich, wieder zurück in den Wienerwald nach Preßbaum, wo mein Vater nach der Vertreibung Fuß gefaßt hatte. Schließlich fruchteten meine Bemühungen um Aufnahme in den Staatsdienst, und ich landete im Jahr 1954 bei den Österreichischen Bundesforsten, in der Forsteinrichtungsabteilung der Generaldirektion. Im Zuge dieser Tätigkeit lernte ich Wälder quer durch ganz Österreich kennen. Dann bot sich mit einem Mal die Chance, in die Lobau zu kommen, das ehemals Kaiserliche Jagdrevier. In der Forstverwaltung Mühlleiten, die zur Lobau gehörte, gab es einen Forstmeister, der einen geradezu sagenhaften Försterverschleiß hatte: In sieben Jahren hatte er nun schon sechs Förster verbraucht. Seitens der Direktion sicherte man mir Rückendeckung zu, wenn ich dorthin ginge. Ich nahm das Angebot an ... und überlebte.

Mit dem 1. Oktober 1955 übernahm ich papiermäßig die Untere Lobau und trat am 7. Jänner 1956 offiziell meinen Dienst an. Es handelte sich dabei exakt um das ehemalige kaiserliche Hofjagdrevier, das zum Zeitpunkt meiner Übernahme rund 1.700 Hektar umfaßte. Über viele Umwege und Irrfahrten, Widrigkeiten und glückliche Zufälle hatte sich ein Kreis geschlossen:

Als Spatzenjäger hatte ich begonnen. Einmal hatte ich mich vor dem Krieg bereits von Osten her der „tschechischen“ Lobau – Pohrlitz – angenähert. Nun, nach dem Krieg, hatte ich im nächsten Versuch von Westen her angesetzt ... und war Hofjagdverwalter geworden.

Lobau – das Revier und das Wild

Das Gebiet der Lobau hat eine lange und wechselvolle Geschichte. Zunächst aber noch eine kurze Bemerkung zum Namen: Das Wort „Lobau“ leitet sich vom althochdeutschen „Lo“ her, was soviel wie „Wald“ hieß. Der Namensteil „Au“ versteht sich von selbst. „Lobau“ kann demzufolge also ganz unspektakulär mit „Auwald“ übersetzt werden.

Das ganze als „Lobau“ bezeichnete Gebiet hat eine Größe von etwa 3.500 Hektar, umfaßt die im Bundesland Wien liegende Obere und Untere Lobau im Ausmaß von ungefähr 2.500 Hektar sowie die in Niederösterreich gelegenen Gebiete Schüttelau, den Eigenforst der Stadt Großenzersdorf und die Schönauer Haufen.

Geschichte der Lobau

Über die Geschichte der Lobau könnte man ganze Romane schreiben. Ich beschränke mich in diesem Zusammenhang auf ein paar wenige Sätze und folge bei der kurzen Darstellung der wechselnden Besitzverhältnisse im wesentlichen den Ausführungen meines beruflichen Nachfolgers Oberförster Hubert Tomsic, die dieser in der Juni-Ausgabe des Jahres 1993 der „Österreichischen Forstzeitung“ gegeben hat:

„Als Lobau kann heute der Bereich vom Gasthaus ‚Roter Hiasl' am Biberhaufenweg im 22. Wiener Gemeindebezirk bis zum östlichen Teil der Schönauer Traverse angesehen werden.

Die Donau-Auen unterhalb Wiens waren schon vor der Zeit Maria Theresias das auserwählte Hofjagdrevier des jagdfreudigen Kaiserhauses. Thronfolger Erzherzog Franz Ferdinand erlegte in der Lobau seinen tausendsten Hirsch. Im Jahr 1745 widmete Kaiserin Maria Theresia den ganzen Lobauer Besitz der Stadt Wien. Das Jagdrecht blieb jedoch dem Hof weiter erhalten.

Aus dieser Teilung von Grundeigentum und Jagdrecht zwischen zwei verschiedenen Besitzern ergaben sich mancherlei Schwierigkeiten, die 1917 so behoben wurden, daß die Obere Lobau vom kaiserlichen Jagdrecht befreit wurde, die Untere Lobau jedoch in das Eigentum des Hofärars überging. 1918 übernahm der Kriegsgeschädigtenfonds (aus dessen Erlösen bezogen die Kriegsgeschädigten des Ersten Weltkrieges Renten) *die Untere Lobau in seine Verwaltung. 1937/38 trat ein Gesetz der Regierung Schuschnigg in Kraft, mit dem der seit 1918 bestehende Kriegsgeschädigtenfonds aufgelöst wurde.*

Aufgrund des neu zu erstellenden Vertrages wäre die Untere Lobau in das Eigen-

Untere Lobau

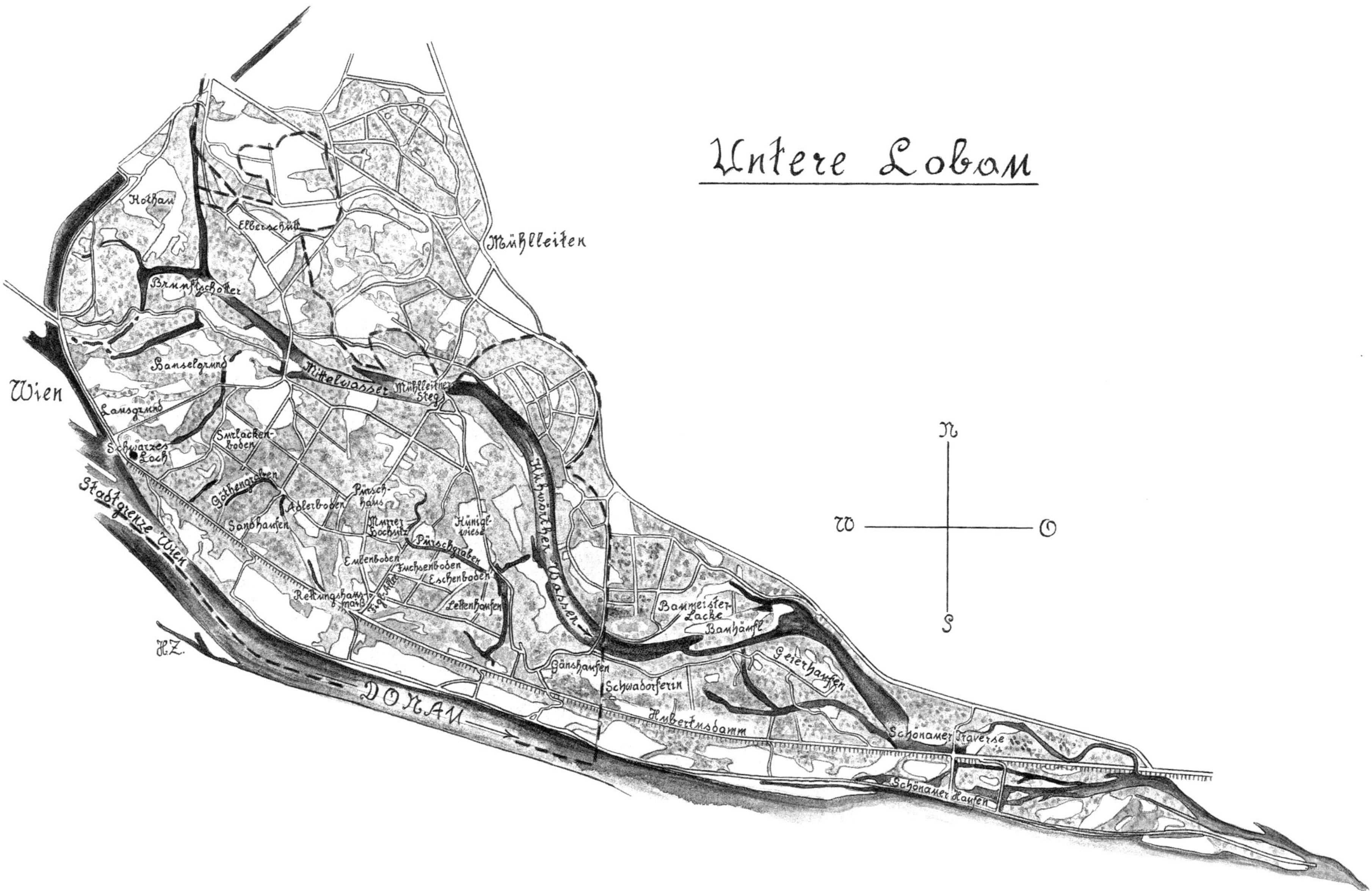

tum der Stadt Wien übertragen worden. Die grundbücherliche Eintragung erfolgte, jedoch kam es zu keiner praktischen Durchführung dieses Gesetzes, da dieses Gebiet dem Reichsjagdgebiet Lobau eingegliedert wurde. Nach dem Zweiten Weltkrieg übernahmen die Österreichischen Bundesforste die Verwaltung der Unteren Lobau. Bald kam es zu Tausch- und Kaufverhandlungen zwischen den Österreichischen Bundesforsten und der Stadt Wien. 1974 wurde ein erster Teil von rund 1.200 Hektar von der Stadt Wien erworben (die Untere Lobau). *1977 folgte der Schönauer Teil mit rund 350 Hektar. Grund für den Ankauf war der Bau von städtischen Trinkwasserbrunnen in diesem Gebiet.“*

Soweit Oberförster Tomsic zu den Besitzwechseln. Der von mir über drei Jahrzehnte geführte Teil war die Untere Lobau. Sie hatte zum Zeitpunkt, als ich das Revier Anfang 1956 übernahm, rund 1.700 Hektar, die sich im Jahr 1963 auf gut 1.000 Hektar verringerten, weil der untere – niederösterreichische – Revierteil von da an selbständig geführt wurde (von der Schüttelau bis zu den Schönauer Haufen). Bis 1973 waren in meinem Falle die Österreichischen Bundesforste der Arbeitgeber, die das Revier als Repräsentationsjagd nutzten, auch für die Bundesregierung; mit 1974 wurde ich dann mit dem Besitzwechsel von der Gemeinde Wien übernommen. 1996 erklärte man das Gebiet schließlich zum Nationalpark. Wie es mit der Jagd hier weitergehen soll, ist zur Zeit der Niederschrift dieses Buches gerade heftig in Diskussion.

Auf ein paar Worte möchte ich noch bei der jagdlichen Geschichte der Unteren Lobau, des ehemaligen Hofjagdgebietes, verweilen.

Rudolf und Franz Ferdinand

Kronprinz Rudolf war der erste echte Hofjäger, der sich in der Lobau sehr intensiv betätigt hat. Seine persönlichen Aufzeichnungen spiegeln nicht nur sein riesiges ornithologisches Interesse wieder, sondern auch seine Jagdleidenschaft. Vorrangig die Adler hatten es dem Kronprinzen angetan. In der Lobau horsteten damals, im späten neunzehnten Jahrhundert, noch Seeadler – und wurden von Kronprinz Rudolf nicht nur beobachtet, sondern auch geschossen.

Nach der Tragödie von Mayerling im Jänner 1889, die dem Thronfolger das Leben kostete, trat Erzherzog Franz Ferdinand – was die Lobau anging – in die Fußstapfen Rudolfs. Er war ein hervorragender Schütze und aus diesem Grunde, auch der jagdlichen Mode der damaligen Zeit entsprechend, nur auf Massenstrecken eingestellt. Ein Teil des Gebietes der Unteren Lobau war in diesen Tagen ausgezäunt. Auf den verbleibenden rund 900 Hektar standen um die Jahrhundertwende sage und schreibe 450 Stück Rotwild! Dementsprechend mickrig waren auch Gewicht und Geweihqualität der Hirsche. Ein Hirsch mit einem Geweihgewicht von sieben Kilo war schon die absolute Ausnahme und zweijährige Spießhirsche mit 40 Kilo Wildbretgewicht durchaus normal. – Abgesehen von der Brunft wurde ausschließlich auf Rieglern gejagt. Und da war es dann so, daß Franz Ferdinand pro Stand mindestens zehn bis zwölf Stück Rotwild geschossen haben mußte, sonst war er unzufrieden und konnte äußerst unangenehm werden.

Eines Tages gab es einen Trieb, bei dem der Erzherzog nur einige wenige Stücke erlegte. Das Wild zeigte sich respektlos, hielt sich einfach nicht an das, was die Treiber mit ihm vorhatten, und war ausgebrochen. Daraufhin bekam der damalige Hofjäger einen gewaltigen „Murrer" des hohen Jägers zu hören. Nach diesem Murrer ging die Herrschaft zum nächsten Trieb. Der Erzherzog führte eine Doppelbüchse. Während die Jäger eine Heißlände querten, stob eine Kette Rebhühner auf. Der Erzherzog zielte kurz, schoß – und zwei Hühner fielen zu Boden, völlig zerschossen. Danach war alles wieder eitel Wonne und Grießschmarren. Nur der Hochsitz, den Franz Ferdinand vorher eingenommen hatte, hatte aufgrund der Geschichte seinen Namen weg: Der „Murrer-Hochsitz" blieb bis in meine Zeit herauf erhalten, bis schließlich dort um 1960 ein Wasserwerk errichtet wurde.

Zwischenkriegszeit und Zweiter Weltkrieg

Im Jahr 1923, also zur Zeit, als die Erlöse aus der Jagd an den Kriegsgeschädigtenfonds gingen, kam es zur Verpachtung der Unteren Lobau. Pächter war ein Industrieller aus Berlin. Er zahlte pro Jahr 35.000.– Vorkriegsschillinge, und das war sehr viel Geld. Gehört haben ihm dabei nur die Trophäen, nicht aber das Wildbret. Es bestand keinerlei Verpflichtung, das Wild zu füttern. Trotzdem wurde ein wenig Futter vorgelegt, und zwar hauptsächlich Heu und Rüben. Immer noch war das Revier sinnlos mit Rotwild überstellt, die Stärke der Stücke daher unter dem Hund. Man muß sich dazu immer vergegenwärtigen, daß es zur Wende vom 17. zum 18. Jahrhundert hier noch Hirsche mit 250 bis 300 Kilo Wildbretgewicht und Trophäen von zwölf bis fünfzehn Kilo gegeben hatte!

Die Pacht des Berliners währte bis 1936. In diesem Jahr wurde Großwien gegründet, die Randgemeinden der Stadt Wien zugeschlagen. Bald darauf marschierten die Deutschen ein. Das ganze Gebiet bis hinunter zur March und zusätzlich große Flächen in Südmähren – die Gebiete um Pohrlitz – wurden zum Reichsnaturschutzgebiet erklärt; oder in Wahrheit: zum Reichsjagdgebiet. Diese riesige Fläche wurde aus der Kompetenz des Reichsforstamtes herausgelöst und Hermann Göring direkt unterstellt. Die echte Ansprechstelle war aber Ulrich Scherping, der Oberstjägermeister

Kaiser Franz Joseph besichtigt nach einer Jagd mit König Edward VII. die Strecke.
Aufgenommen in der Lobau am 2. September 1903.

Am 3. Dezember 1897 erlegte Erzherzog Franz Ferdinand in der Lobau seinen 1.000 Hirsch.
Das untenstehende Marterl sollte den Ruhm des Erzherzogs verewigen.

Abwurfstangenschau im Jahr 1939.
Mit dem Anschluß waren „neue Herren“ in die Lobau gekommen:
Hermann Göring (Mitte, mit angewinkeltem Arm),
Oberstjägermeister Scherping (mit vorgestrecktem linken Bein),
Hofrat Dr. Class (mit den Händen auf dem Rücken);
rechts im Hintergrund „Hirschenvater“ Manour, noch in der Dienstkleidung der Gemeinde Wien.

„Hirschenvater“ Manour im Jahr 1940 –
jetzt schon in Reichsuniform.
Er versah seinen Dienst in der Lobau von 1910 bis 1960.

des Deutschen Reiches. – Pohrlitz war der einmalige Versuch in Europa, ein Niederwildgebiet auf höchsten Stand zu bringen. Dieser Versuch wurde großzügigst unterstützt, und die Erfolge konnten sich sehen lassen. Meine eigenen Erlebnisse in Pohrlitz vor der Reichszeit habe ich ja am Anfang dieses Buches schon geschildert. Man mag aus der Erzählung meiner Hühnerjagd in Pohrlitz ersehen, wie günstig schon die Ausgangssituation gewesen ist, bevor man mit dem Versuch begann.

Hofrat Doktor Friedrich Class wurde zum Jägermeister für das gesamte Reichsjagdgebiet Lobau ernannt. Eine bessere Wahl hätte man nicht treffen können. Dr. Class war ein intimer Kenner der Lobau. Er selbst hatte seit den Zwanzigerjahren den untersten Teil der Lobau und die Schüttelau vom Kriegsgeschädigtenfonds gepachtet, welcher – nebenbei bemerkt – auch die Erlöse aus der Verpachtung des Lainzer Tiergartens und der Eckartsau kassierte. Hofrat Dr. Class hatte eine eigene Hütte in der Au, die er das ganze Jahr bewohnte. Er war mit der Lobau vertraut wie kaum ein zweiter und kannte alle Winkel und Wildarten. Wie sehr er mit diesem Gebiet „verbandelt" war, sieht man aus folgendem Original-Zitat:

„Ich habe gar manche bevorzugte Jagdreviere gesehen in der Hohen Tatra, den Elchwald in Ostpreußen, Rominten, die Schorfheide und die schönsten Hochgebirgsjagden Tirols, wie das berühmte Karwendel, die 23.000 Hektar umfassende Jagd des Landes Tirol im Pitztal, die ich selbst durch sechs Jahre hindurch aufbaute und verwaltete, die schöne Jagd im Kauner- und Radurschltal in Tirol. Sie alle hinterließen bei mir Eindrücke wuchtiger Schönheit; allein gegenüber den unsagbar schönen Auen der Lobau und ihrem herrlichen, so überaus vielfältigen Wildstande mußten sie sich mit dem zweiten Rang begnügen. Keines von ihnen war imstande, Eindrücke von so gewaltiger, sich ständig steigernder, universeller Bildhaftigkeit zu vermitteln, die tief ins Herz geht, wie die Lobau..."

Dr. Class hat seine eigenen Vorstellungen bei Scherping stets ausgezeichnet durchzusetzen gewußt. Er begann sofort mit einer gewaltigen Reduktion des Rotwildes. Bestehende Zäune im Gebiet wurden entfernt, nur oben und unten an den Grenzen blieben sie bestehen. Man muß sich das einmal vor Augen führen: Das ganze heutige Bundesforstegebiet von Wien bis zur Marchmündung – einschließlich Eckartsau – war ein einziges Gebiet, inklusive der Randgemeindenbesitzungen. Die angrenzenden Jagden wurden zugepachtet, wodurch ein Schutzgürtel entstand. Zu ihm hin hinderte ein handgeflochtenes Rotwildgitter das Auswechseln.

In kürzester Zeit stieg die Qualität des Rotwildes sowohl wildbret- als auch trophäenmäßig enorm. Die stärksten Geweihe hatten nach nur fünf Jahren Class'scher

Hege um die zwölf Kilo, und das sowohl im oberen wie auch im unteren Bereich des Gebietes.

Allerdings muß auch dazugesagt werden, daß die Fütterung völlig umgestellt worden ist. Heu wurde nach wie vor in bester Qualität vorgelegt, es kam aber Sesam dazu und Sesamkuchen sowie Kraftfutter. Großfütterungen im alten Sinne gab es weiterhin, aber es wurde bei allen Fütterungen eine große Anzahl kleiner Kistchen aufgestellt, damit alles Wild ohne Streß zu seiner Ration kam. Außerdem wurde die Aufzucht von Bronzeputern nachdrücklich gefördert, da diese wunderbare Vertilger von Dasselfliegenlarven, Rachenbremsen und anderem „Ungeziefer" sind und somit die Futterplätze rein halten.

Die Bronzeputer wurden auf eigenen, um nicht zu sagen: manchmal recht eigenartigen Jagden bejagt. Der Revierjäger meiner Anfangsjahre, Manour – ein Überbleibsel aus den Napoleonischen Kriegen –, hatte solche Jagden noch erlebt. Wenn er einen Gast für die Balzjagd auf den Bronzeputer zugewiesen bekam, so erzählte er, habe er stets aufpassen müssen, damit es nicht allzu schnell „funktionierte". Dummerweise balzten diese Tiere nämlich schon neben dem „Pürschhaus", das mitten in der Au lag und in dem, alter Gepflogenheit zufolge, der Revierjäger wohnte, in unserem Falle Manour. Also hielt er den Gast von diesem Platz fern und rannte zwei, drei Tage in Gegenden herum, wo es garantiert keine Puter gab. War das Spiel lange genug gespielt, näherte er sich schließlich aus einer dem Gast unbekannten Ecke dem Pürschhaus, und der ersehnte Bronzeputer fiel...

Die Lobau nach 1945

Im Frühjahr 1945 wurden die Bemühungen und Erfolge des Hofrat Class in kürzester Zeit zunichte gemacht. Die Russenfront kam näher und näher und überrollte schließlich die Lobau. Der Zaun wurde zur Gänze niedergerissen, was auch die Einheimischen fleißig mittrugen. Das Pürschhaus war schon 1944 zerbombt worden, von den Amerikanern, die Wien bombardierten. Sämtliche Blößen in der Lobau nahm man aufs Korn, weil die Amerikaner glaubten, dort seien unterirdische Lager oder Bunker. Aus diesem Grunde finden sich noch heute viele Bombentrichter in der Lobau, die mittlerweile verwachsen und überwuchert sind. Auch die Gewässer blieben nicht vor den Bomben verschont; Reste von Flugzeugen darin zeugen noch heute vom unseligen Krieg.

Die Nachkriegszeit, in der die Russen die Gegend besetzt hatten, war eine Katastrophe für das Gebiet und für das Wild. Die Russen schossen mit ihren Militärwaffen auf alles, was sich bewegte. Wir hatten einen alten Hirsch, dessen Geweih 25 Einschüsse von Maschinenpistolen aufwies. – Die ungebetenen Gäste kamen immer wieder, auch dann noch, als es schon längst verboten war, in der

Das „Pürschhaus“ mitten in der Lobau –
seit Hofjagdzeiten das Diensthaus des jeweiligen Revierjägers.
Am 7. Oktober 1944 völlig zerbombt.

Geweih eines ungeraden 20-Enders aus dem Jahr 1800.
Bei der Bewertung 1940 war die Trophäe noch 13,5 Kilo schwer.
Ursprünglich dürfte sie gut 16 Kilo gewogen haben.
Die Stangenlänge betrug 125 bzw. 127 Zentimeter,
der Rosenumfang 31,5 Zentimeter.

Schwer überhöhte Wildbestände ließen das Rotwild kümmern:
Im 20. Jahrhundert waren bis gegen 1940 Lobau-Hirsche
mit 7 Kilo Geweihgewicht so ziemlich das höchste der Gefühle;
weiter östlich in den Donau-Auen erreichten die Hirsche auch nicht viel mehr.
Selbst die klassische Krone der Au-Hirsche mußte nicht immer vorhanden sein:
Eissproßzehner, wie der hier abgebildete, waren durchaus keine Seltenheit.

Nach der Absenkung der Wildstände und den neuen Hegerichtlinien
von Dr. Class ging es um 1940 rasch bergauf – links im Bild:
Der „Deutschmeister", ein 18-Ender mit beidseitiger Sechserkrone (ein Kronenende jeweils verdeckt),
der bereits deutlich vor dem Höhepunkt seiner Geweihentwicklung rund 9 Kilo Geweihgewicht hatte.

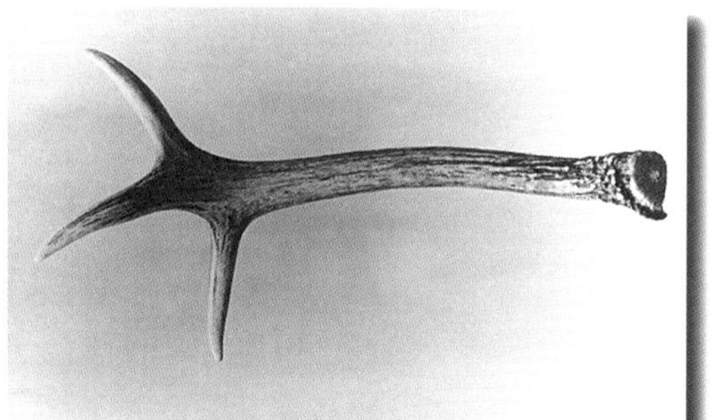

Besonders gut entwickelte Hirsche zeigten
schon im 1. Kopf Kronenspießer-Geweihe.

1944 kam in den Donau-Auen im Försterbezirk Witzelsdorf
bereits ein 18-Ender mit 11 Kilo Geweihgewicht zur Strecke.
Das Geweih ging im Zuge der Kriegswirren verloren.

Abwurfstangen des „Ausländers“ aus dem Jahr 1942 –
dieses Paar wog deutlich über neun Kilo.
Der Hirsch war berüchtigt für seine Brutalität gegenüber anderen Hirschen,
die auf seinem Brunftplatz aufkreuzten; oft wurden diese zu Tode geforkelt.
Sogar mit 17 Jahren waren die Schneidezähne des Hirsches noch vollkommen intakt.
Der „Ausländer“ wurde schließlich von der russischen Besatzung erschossen.
Sein Geweih hing anschließend in der Küche eines Bauern.

Auch ein Hirsch mit vielversprechenden Ansätzen: „Benjamin“. Doch der 16-Ender vom 2. Kopf hatte eine eigenartige Angewohnheit: Er jagte die Tiere an den Fütterungen wild durcheinander und forkelte sie sogar. – „Benjamin“ kehrte nicht mehr auf den Pfad der Tugend zurück und mußte erlegt werden.

Trotz solcher Frühstarter sind Lobau-Hirsche jedoch im Vergleich zu den berühmten Rominter Hirschen deutliche Spätentwickler: Während der Rominter Hirsch oft schon mit 8 Jahren am Höhepunkt seiner Entwicklung stand, ist es der Lobau-Hirsch meist erst in einem Alter von rund 11 Jahren.

Ein „Russenhirsch“ aus der Besatzungszeit kurz nach 1945 –
25 aus einer Maschinenpistole stammende Einschüsse im Geweih
zeugen von unseligen Tagen.

Nach dem Eisstoß.
Aufgenommen im Jahr 1940.

Nachkriegszeit –
mit dem
Ochsenfuhrwerk
zum Füttern...

... die Holzbringung
erfolgte allerdings
schon bald mit dem
Kettenschlepper.

Der erste jagdbare Hirsch nach der Russenzeit...

... und der zweite Jagdbare nach 1945.

Lobau zu jagen. Sie brachten ihre eigenen Methoden mit, teils solche aus dem ostasiatischen Raum: Alte Taiga-Kenner arbeiteten beispielsweise mit dem Feuer als Treiber. Aber auch diese Jahre sind vorübergegangen...

Die wirklich wilden Zeiten herrschten bis 1948 oder 1949. Da trat dann der Forstmeister hier wieder seinen Dienst an, die Förster durften mehr und mehr mitreden, und die Posten wurden allmählich wieder besetzt.

Die Entwicklung des Rotwildes nach 1955

Als ich zur Jahreswende 1955/56 ins Revier kam, herrschte bis Ende Jänner ein äußerst milder Winter. Die Nußbäume waren bereits in Saft. Dann folgte eine sibirische Kälte mit enormen Schneemengen. Mit unserem Ochsenfuhrwerk brachten wir Futter in die Lobau, das wir irgendwo und irgendwie organisiert hatten.

Der Rotwildstand befand sich völlig am Boden. Aufgrund der Tatsache, daß es fast jeden Tag Neuschnee gab, ließ sich das Wild mittels Abfährten wunderbar zählen:

Zur Fütterung nahe des Murrer-Hochsitzes kamen insgesamt vierzehn Stück Kahlwild und dreizehn Hirsche. Fünf weitere Hirsche, die die Fütterung nicht annahmen, hielten sich am Lausgrund auf, und ein einzelnes Tier stand in der Schüttelau. Das war es dann auch schon, soweit es das Rotwild betraf.

Meine jagdliche Hauptaufgabe war es, das Rotwild wieder in die Höhe zu bringen. Ich ersuchte den Forstmeister, den Abschuß möglichst kurz zu halten. Wenn etwas erlegt werden sollte, dann in erster Linie Kahlwild, und auch davon nur ein bis zwei Stück pro Jahr. Hirsche sollten zunächst überhaupt unbejagt bleiben. Der Forstmeister war einverstanden. – Erst Ende der Fünfzigerjahre kamen die ersten Hirsche zur Strecke, darunter auch ein reizvoller „falscher“ Gabler, dessen Erlegung später im Buch beschrieben ist.

Das Rotwild erholte sich rasch. Bald hatten wir einen regelrechten Brunftbetrieb. Zugute kam uns bei unseren Bemühungen allerdings, daß es damals überhaupt keinen Ausflugsverkehr hierher gab. Autos waren noch Mangelware. Wer in die Untere Lobau wollte, der mußte im Normalfall mit der Straßenbahn bis nach Großenzersdorf fahren und dann eine Stunde Fußmarsch auf sich nehmen. Außerdem hatte sich ein aus der Russenzeit herrührender Respekt vor diesem Gebiet gehalten, der zu einer Verunsicherung der Leute beitrug. Man mied die Lobau.

Auch in früheren Zeiten schon hatte das Wild sich in der Lobau recht störungsfrei entwickeln können. In der Kaiserzeit, aber noch heraufreichend bis 1938, durfte man diese nur gegen Entgelt betreten. Die eisernen Tore wurden durch Forstarbeiter besetzt, und man kassierte 50 Groschen Eintritt. Die Ausflügler wurden erst eine Stunde nach Sonnenaufgang in die Au hereingelassen und mußten sie eine Stunde vor Sonnenuntergang wieder verlassen. Außerdem war man verpflichtet, sich an die öffentlichen Wege zu halten. Von 1938 an wurden diese Beschränkungen noch weiter verschärft. Wie immer man darüber denken mag, den Wildtieren ist dies zugute gekommen.

Ende der Fünfzigerjahre hatten wir, wie gesagt, schon eine recht gute Brunft. Es gab nur wenige Platzhirsche, zwei oder drei. Die konnte man dafür sicher bestätigen und ansprechen. Es kam zum ersten verkauften Abschuß. Ein deutscher Industrieller, Prof. Dr. W., sagte sich auf einen schwächeren und einen starken Hirsch an. Er zahlte damals rund 35.000.– Schilling. Unser erstes gemeinsames Jagen war mit großen Schwierigkeiten verbunden, denn der Forstmeister hatte, ohne mich zu fragen, den Gast viel zu früh bestellt, frei nach der alten Regel *„Ab Kaisers Geburtstag* – also ab 18. August – *röhren die Hirsche in der Au*“. Als der Gast in den ersten Septembertagen anreiste, haben die Hirsche uns etwas geblasen, aber nicht geröhrt. Ich machte den Professor aufmerksam, daß er noch mit vierzehn Tagen Wartezeit werde rechnen müssen. Es fiel ihm schwer, aber er blieb. Er ging morgens und abends mit Manour hinaus und sah kaum Wild. Am sechzehnten Tag seines Aufenthalts wurde es ihm zu dumm: „Morgen fahre ich ab!“ Er wollte nach Ungarn zur Hirschjagd. Just zu diesem Zeitpunkt konnte ich den ersten meldenden Hirsch bestätigen. Also drängte ich auf sein Bleiben. Der Professor blieb – und ich kam in eine der peinlichsten Situationen meines Lebens.

Ausgerechnet für den Tag nämlich, an dem der Herr Professor seinen Hirsch schießen sollte, hatte man mir zusätzlich einen geladenen Gast zugeschanzt – auf einen schwächeren Hirsch. Das mit dem schwächeren Hirsch durfte dieser aber nicht wissen, da seine Einladung unschuldig bloß auf einen „Brunfthirsch in der Lobau“ lautete. Mit diesem Gast also saß ich beim „Runden Boden“ an, während Revierjäger Manour mit dem Professor auf der gegenüberliegenden Seite wartete, wo der bestätigte starke Hirsch gut meldete. Dieser Hirsch, der für den Professor vorgesehen war, verstummte alsbald. Minuten später stand er vor unserem Hochsitz. Mein Gast richtete sich, aber ich sagte: „Der ist zu jung“, wohl wissend, daß das nicht der Fall war. Der Hirsch war gerade aus der Suhle gekommen und hatte auf der linken Körperseite einen hell leuchtenden Lehmfleck, was sich später noch als glücklicher Umstand erweisen sollte. Ganz überzeugt wirkte der Gast von meinem Urteil nicht, als der Hirsch uns weiterer Überlegungen und Gespräche enthob und wieder einzog. Jetzt meldete er wieder, gleich darauf hörte ich das Anmahnen des Revierjägers, und dann hallte von drüben auch schon der Schuß. Ich wollte meinen Gast heimlotsen, aber der bestand darauf, sich den Hirsch anzusehen. Nun war guter Rat teuer. Von allen Seiten begutachtete der Gast den Hirsch und meinte verärgert: „Sie, das ist doch haargenau der Hirsch, der bei uns durchgezogen ist!“

Mein Glück aber war, daß der Hirsch sich inzwischen den Lehmfleck abgeschüttelt hatte, und auf diesen Umstand wies ich den Gast hin. Ein bißchen schwankte er noch, aber dann lenkte er ein: „Ja, Sie haben doch recht, den Fleck habe ich deutlich gesehen, das muß ein anderer sein“. – Der glückliche Professor sollte uns als Gast über Jahre erhalten bleiben.

Von 1960 an ging es mit dem Rotwild in der Lobau steil bergauf. Die einzige gravierende Veränderung, die den Jagdbetrieb beeinflußte, war die im Entstehen begriffene Wasserleitung. Die chemischen Analysen der Probebohrungen der Wiener Wasserwerke hatten nämlich eines gezeigt: das Grundwasser hier war nicht nur einwandfrei, sondern es war sogar besser als das Hochquellwasser aus den niederösterreichisch-steirischen Kalkalpen. Man entschloß sich, etliche Grundwasserbrunnen zu errichten und das Wasser mittels Leitungen nach Wien zu transportieren.

Auch dieser Eingriff in die Landschaft konnte aber den Aufwärtstrend des Rotwildes nicht bremsen. Nicht einmal der für mich, sagen wir einmal: etwas eigenartige Plan eines kompetenten Mannes, der Ende der Sechzigerjahre auf die Idee kam, hier schottisches Rotwild einzubürgern. Was ihn dazu bewogen hat, bleibt mir bis heute ein Rätsel. Aber wir hatten Glück im Unglück. Ich war gerade auf Urlaub, da brachen die beiden schottischen Stücke – ein Tier und ein schwacher Hirsch – unbemerkt aus dem Eingewöhnungsgatter aus. Prächtig wurde der etwa 60 Kilo schwere, oder besser: leichte Hirsch von einem Gast als mickriger Dreier-Hirsch erlegt. Erst beim Aufbrechen kam der Schock: Da sah man nämlich, daß der Hirsch eine Lauschermarke hatte. Auch dem Tier war kein langes Leben vergönnt. Es wurde wenig später in der Dämmerung für ein Kalb gehalten und ebenfalls erlegt. Somit waren die Schotten eliminiert, bevor sie sich vermehren konnten.

Mit Beginn der Siebzigerjahre war es schließlich so weit, daß das Rotwild bereits zum Teil zur Plage wurde. Ein Grund, daß es dazu kommen konnte, war sicher, daß in umliegenden verpachteten Jagden zu viel gefüttert wurde, viel mehr, als bei uns in der Unteren Lobau. Eine Tageszeitung brachte groß das Bild eines Hirsches und schrieb in ganz dicken Lettern: *„Die Hirsche fressen die Lobau zusammen! Es muß etwas geschehen!“* 1970/71 wurde für das gesamte Gebiet ein Radikalabschuß von 500 Stück beschlossen. Jetzt hieß es in derselben Zeitung: *„Mord in der Lobau! Die Hirsche werden ausgerottet!“* – Fachkompetenz ist halt nicht jedermanns Sache. Aber zurück zu den Tatsachen. Bei mir in der Unteren Lobau standen zu jener Zeit auf 1.100 Hektar rund 150 Stück Rotwild, längst nicht so viel, wie im Bereich der verpachteten Eigenjagden. 30 Stück davon habe ich im Zuge des „Radikalabschusses“ freigegeben.

WILDZÄHLUNGEN
HEGEGEMEINSCHAFT LOBAU
(5.000 Hektar)
1972 bis 1998

Bei mehreren Zählungen im Jahr notiert jeweils der höhere Wert.
Die Zählungen wurden in der zweiten Februarhälfte bzw. im März durchgeführt.

(„+“ = nicht gezählt)

	ROTWILD			REHWILD	SAUEN	MUFFEL	DAMWILD
	Hirsche	**Kahlwild**	**gesamt**	**gesamt**	**gesamt**	**gesamt**	**gesamt**
1972	44	96	140	+	+	+	+
1973	33	104	137	+	+	+	+
1974	31	90	121	+	+	+	+
1975	54	87	141	+	+	+	+
1980	18	48	66	+	+	+	+
1985	16	48	64	+	+	+	+
1990	32	96	128	140	44	+	12
1992	79	133	212	+	7	50	11
1993	47	142	189	97	41	28	11
1994	55	84	139	98	+	+	+
1995	63	118	181	98	41	28	11
1996	68	75	143	+	20	20	12
1997	60	68	128	126	39	34	7
1998	42	67	109	184	50	38	27

In der Nachfolge zu diesen Entwicklungen setzte sich eine von dem Nachbarkollegen Oberförster Wimmer eingebrachte Idee durch: die Bildung einer Hegegemeinschaft für die gesamte Lobau. Der Umsetzung dieser Idee zusätzlich förderlich war der Umstand, daß es stets Streitigkeiten über Wildschäden, zu jung erlegte Hirsche und anderes mehr gegeben hat.

Um die Grundsätze dieser Hegegemeinschaft ein wenig zu beleuchten, greife ich wieder auf die Darstellung von Oberförster Tomsic aus der „Österreichischen Forstzeitung“ aus dem Jahr 1993 zurück:

„1970 setzten sich die Vertreter der Österreichischen Bundesforste, der Stadtgemeinde Großenzersdorf und die Jagdausschußobmänner von Schönau, Mannsdorf und Mühlleiten zusammen. Ein Vertrag über die gemeinsame Hege des Lobauer Rotwildes wurde abgeschlossen.

Um Wildschäden des Rotwildes im angrenzenden Marchfeld zu verhindern, mußte vorerst ein Wildzaun über 13 Kilometer Länge errichtet werden. Jetzt konnte man mit der eigentlichen Aufgabe beginnen. Da keine reifen Hirsche vorhanden waren, verzichtete man zunächst für drei Jahre auf den Abschuß von Kronenhirschen. Gerade als man dann die ersten Früchte der Hege ernten wollte, brachten Änderungen der Eigentumsverhältnisse Unruhe in die Hegegemeinschaft. Die Stadt Wien übernahm die Reviere Mühlleiten und Schönau, wobei die bestehenden Jagdpachtverträge übernommen wurden. Die Pächter und ihre Jagdgäste durften aber nur in Begleitung des städtischen Jagd- und Forstpersonals ihre Abschüsse tätigen. An den gesteckten Hegezielen änderte sich jedoch nichts.

Die Gesamtfläche der Hegegemeinschaft beträgt rund 5.000 Hektar, wobei jedoch maximal 1.500 Hektar als Rotwildkernzone anzusehen sind.

Zur Verbesserung der Wildäsung wurden im Kerngebiet rund 30 Hektar Wildäcker angelegt. Angebaut werden hauptsächlich Roggen als Winteräsung, Hafer, Buchweizen, Topinambur, Klee und diverse Gemenge bestehend aus Raps, Senf, Perko, Markstammkohl und vieles andere mehr. Während der Notzeiten wird ausreichend gefüttert. Hauptsächlich werden Rüben, Karotten, Kleeheu, Mais, Gerste, Hafer und Hülsenfrüchte vorgelegt.

Um jegliches Mißtrauen unter der Jägerschaft zu unterbinden, werden jährlich zwei gemeinsame Wildzählungen durchgeführt. Die erste Zählung erfolgt in der zweiten Februarhälfte, die zweite vierzehn Tage später im März. Angrenzende, nicht zum Hegering gehörende Reviere haben dabei Beobachterstatus. Anschließend findet eine Abschußplanbesprechung mit den zuständigen Jagd- und Hegeringleitern statt. Die Abschüsse werden nach festgelegten Anteilen – sie richten sich nicht nur nach der Größe, sondern auch nach der jagdlichen Wertigkeit eines Gebietes – ermittelt, wobei die Groß-

reviere ihre Anteile nicht immer voll ausschöpfen. Mitte Mai findet dann meist eine Abwurfstangenschau statt; diese Veranstaltung dient als Bestandsaufnahme und stellt gleichzeitig ein gesellschaftliches Ereignis für die Mitglieder der Hegegemeinschaft dar.

Durch die Großstadtnähe und die dadurch rasch zunehmende Erholungsnutzung der Auwälder ist das Rotwild in den Randgebieten zum Nachtwild geworden. Für die meist bäuerlichen Jäger der Genossenschaftsjagden wird es daher immer schwerer, Rotwild anzusprechen und bei normalen Lichtverhältnissen zur Strecke zu bringen. Um diesem Problem beizukommen, haben die Anrainer das Recht, Rotwild in den Kernrevieren unter Birschführung des städtischen Forstpersonals zu erlegen. Nach anfänglichem Zögern wird heute diese Möglichkeit gerne genutzt.

Fast alle zum Abschuß vorgesehenen Hirsche werden in den Kernrevieren erlegt. Durch diese Maßnahme werden die meist bäuerlichen Jäger sehr stark in die Hegegemeinschaft eingebunden, als Dank unterstützen sie das städtische Personal sehr tatkräftig bei der Anlage und Bestellung der Wildäcker. Landwirtschaftliche Produktionsüberschüsse werden im Winter unentgeltlich zu den Fütterungen gebracht.

Durch all diese Bemühungen war es auch möglich, in den nunmehr bereits über zwanzig Jahren des Bestehens der Hegegemeinschaft 15 Hirsche mit über 200 CIC-Punkten zu erlegen (Stand 1996). *Die Geweihgewichte der Klasse-I-Hirsche schwanken zwischen 8 und 10,5 Kilo.*

Durch starke Wohnbautätigkeit im Umland der Lobau und gleichzeitigem Zuzug von Tausenden Menschen wird es nun immer schwieriger, geordnete jagdliche Verhältnisse in diesem Gebiet zu erhalten. Als städtischer Forstbeamter muß man sein Ziel daher in der grundsätzlichen Erhaltung von Rot- und Schwarzwild in diesen historischen, großteils noch im Bundesland Wien liegenden Revieren unter Berücksichtigung von Grundwasser-, Forst- und Erholungswaldnutzung sowie unter Einbeziehung des Naturschutzes sehen.“

Man kann vielleicht aus diesen Zeilen ersehen, wie schwierig es in unserer Zeit geworden ist, in der Nähe einer Großstadt wie Wien einer Wildart mit weitläufigem Platzbedürfnis und einem großen Ruheanspruch, wie es das Rotwild ist, einen Lebensraum zu sichern. Trotzdem – und das sage ich nicht ohne Stolz – ist uns das bis auf den heutigen Tag noch recht gut gelungen. Auch, wenn die Trophäe nicht das Maß aller Dinge ist, so mag folgendes Beispiel das vorhin Gesagte ein wenig dokumentieren: Im Jahr 1996 ist in der Lobau der meiner Ansicht nach bislang stärkste österreichische Hirsch aus freier Wildbahn zur Strecke gekommen. Mit seinen abgebrunftet rund 190 Kilo, einem Geweihgewicht von gut 13 Kilo und über 234 CIC-Punkten belegt er, auf wie hohem Stand das Rotwild hier im ausgehenden zwanzigsten Jahrhundert noch ist.

Einstangenhirsch aus der Brunft des Jahres 1960.
Der rechte Hinterlauf wies eine alte Verletzung auf.
(Siehe auch Kapitel „Gusto und Ohrfeigen".)

Ein reizvoller, reifer Vierzehnender, erlegt in der Brunft 1970.
Für heutige Lobau-Verhältnisse aber sicher kein Spitzenhirsch.

Schwarzwild

Ursprünglich hat es Schwarzwild in der Lobau nicht gegeben. Der erste Nachweis der Schwarzkittel stammt aus dem Jagdjahr 1954/55: Da erlegte mein Vorgänger das erste Stück, einen starken Keiler.

Im Winter 1956 konnte ich selbst erstmals Schwarzwild bestätigen, einen Überläufer. Damals gab es späten Schnee. Immer wieder lag eine gute Neue, und so war es möglich, verläßlich abzufährten. Eines Tages hatte ich den Überläufer fest. Mit Oberförster Köhler, von dem später aufgrund seines Wunder-Dackels noch mehrmals die Rede sein wird, und Revierjäger Manour stellte ich das Gebiet ab, während ich selbst mit einem Forstzögling die Fährte ausging. Tatsächlich machten wir den Überläufer hoch, er kam Kollegen Köhler, dieser schoß mit seiner „Kropatschek", einer alten Bleipatrone im 10,75mm-Kaliber – und fehlte auf die nicht ganz geringe Entfernung. Wahrscheinlich war der Schuß deutlich zu tief gegangen. Nun kam das Stück im oberen Bereich des „Mittelwassers" und wollte dort das Eis queren. Drüben, auf der anderen Seite, saß Manour, der noch nie in seinem Leben Schwarzwild gesehen geschweige denn geschossen hatte. Er führte einen Drilling, in den er zum Teil noch Patronen stopfte, die er in der Russenzeit versteckt gehalten hatte. Mit diesen Patronen gab es des öfteren Versager. Ich hatte Manour vorher ausdrücklich gebeten, nicht diese, sondern neue Patronen zu verwenden, was er auch versprochen hatte. Was soll ich sagen? Natürlich kam ihm die Sau, und natürlich machte es ein paar Mal „Klick", während der Überläufer sich über das dünne Eis mühte, das in diesem Bereich wegen der warmen Quellen immer wieder brach. Endlich hatte der Revierjäger dann eine „frische" Patrone erwischt, aber da war der Überläufer schon flüchtig, und der Schuß ging daneben. Das Stück ist somit nicht erlegt worden.

Danach war mit dem Schwarzwild für zwei Jahre Ruhe, aber 1958 tauchte es wieder mehr und mehr auf. Im Winter 1958/59 erlegte ich selbst meinen ersten Überläufer. Nun wurde der Schwarzwildstand allmählich stärker, und ich ließ das Schwarzwild schließlich gezielt bejagen. Die führende Bache blieb dabei aber ganzjährig geschont, und nur Frischlinge, Überläufer und ganz starke Stücke durften zur Strecke kommen.

Bei uns in der Au haben sich in der Folge die Verhältnisse nicht geändert, im Umfeld aber schon. Die Landwirtschaft wurde intensiviert, der Maisanbau im gesamten Marchfeld nahm zu. Außerdem wollte es der Zufall, daß der Mann, der von 1964/65 an das untere Revier, die Schüttelau, gepachtet hatte, Getreidegroßhändler war und massenhaft Getreideabfälle zur Verfügung hatte, die waggonweise hinausgefahren und auf den Alleen und Futterplätzen abgekippt wurden. Das war ein zusätzlicher Magnet fürs Schwarzwild. Pächter und Revierförster waren dort der Meinung, sie müßten einen

Tiergarten aufziehen anstatt einfach naturbelassene Jagd zu praktizieren. Das Schwarzwild wurde mehr und mehr.

Es kam zu gewaltigen Schäden in den Feldern draußen. Folge war eine immer schärfere Bejagung. In den Feldern konnte fast nur nachts geschossen werden, und da fiel dann oft die führende Bache. Um das zu verhindern, beschlossen wir schließlich in der Hegegemeinschaft, die sich nicht nur auf das Rotwild beschränkt, vom 1. Februar an bis zum Sommer eine Vollschonung des Schwarzwildes einzuführen, damit die führenden Bachen wenigstens in dieser Zeit sicher sind. Diese Regelung funktioniert sehr gut.

In den Achtzigerjahren wurden in meinem Revier durchschnittlich zwischen 30 und 50 Sauen geschossen.

Im schneereichen Winter 1996/97 gelang im ganzen Bereich der Hegegemeinschaft eine starke Reduktion des Schwarzwildes: in diesem Jahr wurden insgesamt 150 Stück erlegt. Zur Zeit der Niederschrift dieses Buches, also 1998, beträgt der Winterstand in meinem ehemaligen 1100-Hektar-Revier in der Unteren Lobau rund 200 Stück. Der Stand an Schwarzwild ist also nach wie vor hoch, die Bestandesentwicklung scheint aber jetzt doch zu stagnieren. Die Qualität des Schwarzwildes ist eher gering, es gibt viel schwaches Wild und kaum starke Keiler. Ausnahmen zur Rauschzeit, wie der „Eiserne Gustav“, dessen Geschichte später noch zur Sprache kommt, bestätigen bloß die Regel, daß der Keiler mit dem dritten Lebensjahr aus der Lobau abwandert.

Bejagt wird das Schwarzwild fast nur auf dem Ansitz und nicht auf Rieglern, weil man – auch unter Berücksichtigung des Rotwildes – jede Beunruhigung vermeiden will. Heute bringen ja ohnehin die Ausflügler schon genug Unruhe ins Revier. Besonders im Winter, wenn die Deckung schlecht ist, wird das Rotwild von Abwurfstangensuchern, Photographen und eben Ausflüglern regelrecht quer durchs Gebiet „geriegelt“. Drastisch verschlechtert hat sich die Situation in dieser Hinsicht, seit das Gebiet hier zum Nationalpark erklärt worden ist. Ganze Autobusse werden seither „abgeladen“. Aber es gibt Gegenden, die dabei noch schlechter weggekommen sind als die Wiener Lobau. Ich denke da vor allem an die unteren Bereiche, wie zum Beispiel die Stopfenreuther Au.

Interessant ist vielleicht noch, daß früher beim hiesigen Schwarzwild deutlich zwei Schläge zu unterscheiden waren: der schwarze Schlag, der im Wildbret schwächer, aber in den Waffen sehr stark war; und der graubraune Schlag, bei dem die Dinge genau umgekehrt lagen. Heute haben sich die beiden Schläge vermischt, und man kann auf die Farbe nicht mehr viel geben. Beispiel: Ein Kollege von mir hat in der Nachbarjagd einen zweieinhalbjährigen schwarzen Keiler geschossen, der 132 Kilo wog und 14 Zentimeter lange Waffen hatte; ich selbst habe einen Keiler des graubraunen Schlages mit

Ein grober Basse aus den Auen, erlegt im Jahr 1965.
Starke und vor allem ältere Keiler sind allerdings in der Lobau selten.

117 Kilogramm und 16-Zentimeter-Waffen erlegt.

Am Anfang, als das Schwarzwild nur sporadisch in der Au auftauchte, ließ sich das Rotwild von ihm massiv stören. Sobald sich in der Nähe der Fütterung auch nur ein Frischling aufhielt, den man gar nicht zu sehen brauchte, begann das Rotwild schon zu sichern, sträubte den Spiegel und sprang ab. Es hat lange – über zwanzig Jahre – gedauert, bis es sich an die schwarzen Gesellen gewöhnt hat. Erst Ende der Achtzigerjahre konnte man Rotwild und Schwarzwild wirklich vertraut nebeneinander in Fütterungsbereichen sehen.

Rehwild

Rehwild war in der Lobau nie besonders gut. Aber es ist ja altbekannt, daß das Rehwild eher kümmert, wo Rotwild stärker vorkommt. Es spielte auch nie eine große Rolle, wurde weder besonders gehegt noch bejagt. Nur in der Zeit der Besatzung durch die Russen nach dem Zweiten Weltkrieg, als der Rotwildstand mehr oder weniger zusammengeschossen war, hielt sich das Rehwild recht passabel und wartete auch mit zum Teil überraschend starken Trophäen auf. Als ich im Jahr 1956 ins Revier kam, dürfte der Rehwildstand an die 200 Stück betragen haben. Pro Jahr wurden auf einer Fläche von 1.700 Hektar rund 100 Rehe erlegt. Von den 100 Stück gingen allerdings 1956 allein 21 Knopfer auf mein Konto! Den allgemein schwachen Zustand der Rehe in speziell diesem Jahr führe ich auf die vielen Hochwasser zurück, wodurch es für die Parasiten ideale Bedingungen gab. Tatsächlich wiesen damals auch viele Stücke Wurm- und Leberegelbefall auf. Aber auch sehr gute Böcke kamen in dieser Zeit zur Strecke, wie etwa der später beschriebene „Figl-Bock“.

Bis heute hat sich am Rehwildbestand nicht viel verändert, er war stets nur leichten Schwankungen unterworfen. Nicht einmal das Aufkommen des Schwarzwildes hat den Rehen anfangs viel ausgemacht. Durch all meine Dienstjahre habe ich die mir schon zu Anfang zurechtgelegte Abschußquote von 60 Stück je 1.000 Hektar durchgehalten, und das hat sich lange Zeit als ganz brauchbar erwiesen. In den letzten Jahren ist der Bestand an Rehwild aber doch deutlich zurückgegangen, während die Sauen enorm zugenommen haben.

Muffelwild und Damwild

Zu Anfang der Sechzigerjahre wurde in der Oberen Lobau Muffelwild ausgesetzt. Die Tiere stammten aus dem Lainzer Tiergarten. Ergänzend sei gesagt, daß die Obere Lobau von der Landschaft her ganz anders gegliedert ist, wie die Untere Lobau. Dort liegen viel mehr Felder dazwischen, also große landwirtschaftlich genutzte Flächen. In diesen Äckern und Feldern, vor allem in den Getreidefeldern, nahm das Muffelwild bevorzugt seinen Einstand.

Die Wachtelhündin Pora vom Pürschhaus beim Totverbellen eines Rehbocks.
Rehwild spielte in der Lobau nie eine große Rolle.

Für Jagdgäste war es damals überhaupt keine Kunst, einen jagdbaren Widder zu erlegen. Der zuständige Revierförster fuhr mit dem Moped durch die Gegend, schaute von einem Hochsitz in die Felder und wußte, wo Muffelwild niedergetan war. Die Jagdgäste – meist aus dem Wiener Raum – wurden angerufen, kamen, man wartete, bis das Rudel hoch wurde, suchte sich den passenden Widder heraus und schoß ihn. Das ging ein paar Jahre so dahin. Allmählich nahmen die Schäden in den landwirtschaftlichen Kulturen deutlich zu. Man mußte jagdlich stärker eingreifen, das Wild stellte sich auf die verschärfte Bejagung ein und wurde heimlicher. In den späten Siebzigerjahren war dann die Jagd auf Muffelwild für einen zahlenden Gast schon fast nicht mehr machbar. Er hätte wochenlang bleiben müssen, um zu einem richtigen Stück zu kommen. Heute findet man in der Oberen Lobau fast keine Muffel mehr.

Im Zuge der verschärften Bejagung zog aber dafür das Muffelwild immer mehr zu uns herunter in die Untere Lobau. Anfang der Siebzigerjahre war der Bestand schon hoch genug, daß er auch hier zur Bejagung freigegeben wurde. Zwei bis drei weibliche Stück und ein bis zwei Widder erlegten wir damals. Später standen zwischen 40 bis 60 Stück in der Unteren Lobau, und es wurden bereits durchschnittlich 10 bis 15 Stück erlegt. Derzeit beträgt die jährliche Strecke nur mehr um die fünf Stück, obwohl der Bestand etwa gleich geblieben sein dürfte. Aber das Wild ist so heimlich geworden, daß man es fast nicht mehr erwischt. Oft sieht man tage- oder wochenweise nicht ein einziges Stück. Wie schwierig die Bejagung geworden ist, kann ein Beispiel aus meinem persönlichen Bereich dokumentieren: Für einen mir bekannten, ganz kapitalen Widder, den ich im Jahr 1983 erlegen konnte, habe ich nicht weniger als 41 Birschgänge gebraucht!

Damwild wurde ebenfalls im Bereich der Oberen Lobau freigelassen, was Anfang der Siebzigerjahre erfolgte. Es vermehrte sich zunächst gut und wurde bereits vorsichtig bejagt, als es in der Nachbarjagd zu einem Pächterwechsel kam. Schlagartig war damit das Damwild so gut wie verschwunden. Inwiefern ein Zusammenhang bestand, will ich nicht sagen. Es fiel nur auf, daß beide Umstände zeitlich zusammentrafen. Später hat Damwild wieder zugenommen und tauchte schließlich auch bei uns im unteren Bereich auf. Heute beträgt der Stand an die fünfzig Stück. Es gibt bereits eine normale Brunft.

Vor kurzem hat man wieder mit einer zurückhaltenden Bejagung begonnen. In erster Linie sollen dabei weiße Stücke erlegt werden, vor denen sich das Rotwild offensichtlich fürchtet, nachdem es sich sonst, nach anfänglichem Zögern, gut an das Damwild gewöhnt hat. Auch dazu möchte ich eine recht aufschlußreiche eigene Beobachtung anführen:

An einem Sommerabend saß ich an einem beliebten Rotwildplatz an. Ein kleines Rudel Kahlwild stand heraußen, als plötzlich ein weißes Damtier auf der Bildfläche erschien. Blitzartig räumte das Rotwild das Feld, was wiederum das Damtier erschreckte, das nun ebenfalls abzog. Hier würde nichts mehr kommen, dachte ich, und fuhr mit dem Rad weiter zum Adlerboden. Auch dort äste Rotwild. Da schlüpfte auf einmal erneut die „Weiße Gais" aus der Dickung, und das Spiel von vorhin wiederholte sich. Am dritten Platz dieses Abends, am Lausgrund, noch einmal dasselbe Spiel. Natürlich war ich wütend auf diese „Weiße Gais", die unser Rotwild durcheinanderwirbelte. – Sie wurde später erlegt, wie ich überhaupt in meiner Zeit als Revierverantwortlicher jedes weiße Stück freigegeben habe.

Es ist viel darüber diskutiert worden, ob es von Vorteil, Nachteil bzw. notwendig sei, fremde Wildarten einzubürgern. Die Befürworter haben behauptet, daß unsere Fauna bereichert werden müsse, weil man nicht wisse, wie lange das bodenständige Wild die massiven Veränderungen unserer Reviere noch aushalte. In den meisten Fällen waren die Befürworter der Neueinbürgerung Jagdpächter oder auch Besitzer größerer Jagden. Ich selbst war solchen „Bereicherungen" unserer Tierwelt gegenüber stets skeptisch. Bevor ich meine Ansicht begründe, möchte ich einige Worte aus einem Vortrag von Forstmeister Dipl.-Ing. Karl Splechtna zitieren, den dieser im Jahr 1975 (!) im Rahmen der Jahreshauptversammlung des Forstvereines für Niederösterreich, Wien und das Burgenland gehalten hat. Forstmeister Splechtna war langjähriger Leiter der Rothschild'schen Forstverwaltung Langau im Ötschergebiet, also ein echter Mann der Praxis mit viel Erfahrung auf den Gebieten Jagd, Forst, Wildbiologie und Naturschutz. Unter dem Titel „Untier Mufflon?" führte Splechtna damals aus:

„Über manche Jäger und ihre Sünden, ihren Trophäenkult, ihren Artverbesserungswahn, ihre Neidkomplexe, ihr unbiologisches Jagen, ihre verlogene Weidgerechtigkeit will ich gar nicht reden, eine Sünde aber doch herausgreifen: Die Wildeinbürgerung am Beispiel des Mufflon. Was hat dieses korsische Wildschaf – und wenn es auch vom Menschen einst zurückgedrängt worden sein sollte – in den künstlichen Wildbahnen Europas verloren? Hat man nicht mit den heimischen Arten genug Probleme? Warum lastet man der Äsungskapazität der Wintereinstände – für alle der Flaschenhals – noch dieses Untier auf? Überall hat der Neuankömmling die kräftigeren Ellenbogen. Wäre es nicht ein Akt der Klugheit und einer glaubhaften Jagdpolitik, diesen Irrtum, diese Faunenverfälschung, wieder rückgängig zu machen? Wenn ich zu wägen hätte, es gäbe in Österreich kein Muffelwild!"

Auch wenn sich seit Splechtnas deutlichen Worten einiges geändert haben mag, so gibt es doch noch Jagdherren, die in ihren Revieren alles haben möchten: viele Wildarten in möglichst hoher Vorkommensdichte.

Und das, obwohl gerade in der Jetztzeit mehr als genug von der Unruhe in den Revieren, vom Streß des Wildes, von Wildschäden, Kümmerungserscheinungen bei Rot- und Rehwild und anderen unerfreulichen Dingen mehr geredet wird. Längst haben wir mit vielem Althergebrachten gebrochen und haben neue Richtlinien der Hege bekommen, die ich im großen und ganzen voll unterstütze. Wir wissen, daß in den meisten Revieren das Äsungsangebot für das Wild entweder zu einseitig oder völlig unzureichend bzw. falsch zusammengesetzt ist, und daß in etlichen Revieren das ganze Jahr über künstlich gefüttert wird. Darüber möchte ich kein Wort verlieren. Statt aber nun das vorhandene bodenständige Wild auf eine tragbare Dichte zu reduzieren, hält man zum Teil noch die Hand über einen zusätzlichen Konkurrenten, weil das bodenständige Wild ohnedies kümmert und macht sich zu wenig Gedanken darüber, warum das der Fall ist. Ich selbst bin absolut kein grundsätzlicher Gegner des Muffel- und Damwildes, aber man muß seine Grenzen kennen. Natürlich mag es für einen Jagdinhaber schön sein, seinen Gästen und Freunden eine Vielzahl von Beobachtungs- und Jagdmöglichkeiten anzubieten, aber ob das heute noch verantwortet werden kann, bezweifle ich entschieden. Unsere Hauptaufgabe heute ist es vielmehr, das bodenständige Wild dorthin zu bringen, wo man es den Umständen entsprechend noch hinbringen kann. Um nicht mißverstanden zu werden: Versuche, künstlich kapitale Trophäenträger heranzuzüchten, gehören ganz sicher nicht zu dieser Aufgabe...

Füchse und Kaninchen

Bis zum großen Eisstoß auf der Donau im Jahr 1928/29 waren Füchse in der Lobau unbekannt. *(Zur Erklärung: Ein Eisstoß ist ein Hochwasser mit gewaltigen Eismengen, das sich zusammenschiebt, wobei die Eisschollen schließlich zusammenfrieren und einen riesigen Eisblock bilden. Dann kommt eine große Wassermasse und schiebt diesen Eisblock irgendwohin. Durch einen derartigen Eisstoß ist beispielsweise das damalige Kimmerleinsdorf – heute Franzensdorf – total wegrasiert worden.)* Im Winter 1928/29 also konnte man zu Fuß über die Donau hin und zurück wechseln, und da tauchten die ersten Füchse in der Lobau auf. Der Hauptgrund, daß sie sich zunächst halten konnten, dürfte gewesen sein, weil sich durch die Abdämmung und Stauwerke die Hochwasser in Grenzen hielten und damit trockenere Baue für die Welpenaufzucht zur Verfügung standen. Als Nahrungsgrundlage dienten den Füchsen in erster Linie Kaninchen, die damals noch reichlichst vorhanden waren.

Einer meiner Vorgänger hat pro Jahr noch rund 1.000 Kaninchen erlegt, beim Birschen, Stöbern mit dem Hund und beim Frettieren.

1954 wurden mit einem riesigen Hochwasser und der gleichzeitig aufgetretenen Myxomatose – sie wird durch die Gelsen

In einem Aurevier muß man alles können!
Die Deutsche-Wachtel-Hündin „Pora vom Pürschhaus“ beim Apportieren.

übertragen – die Kaninchenbesätze aber radikal vernichtet. Mit dem vollständigen Verschwinden der Kaninchen gingen auch die Fuchsbesätze zurück. In späteren Jahren, als auch noch das Niederwild immer stärker abnahm, waren die Füchse endgültig ihrer Nahrungsgrundlagen so gut wie beraubt. Füchse kommen heute in der Lobau nur noch mäßig vor.

Hase und Fasan

Bis in die Zeit des Zweiten Weltkriegs wurden allein in der Unteren Lobau im Jahr an die 1.000 Hasen und Fasanen geschossen. Solche Strecken waren aber nur deshalb zu erreichen, weil damals sehr viele Schütten angelegt und das Raubwild extrem kurz gehalten wurde. Zu meiner Zeit erlegten wir auf der Hauptjagd in der Herrenau zunächst in der Regel noch 60 bis 100 Hasen und vielleicht 20 bis 30 Hahnen. Heute ist der Hase zu einer Seltenheit geworden, ebenso der Fasan, und das nicht nur in der Au, sondern auch im angrenzenden Marchfeld. Die Bejagung mußte so gut wie aufgegeben werden.

Daran, daß das Niederwild derart zurückgegangen ist, ist sicher nicht das Raubwild schuld. Vielmehr ist es der intensive Feldgemüseanbau mit seiner mehrmaligen Ernte im Jahr und den großen, breiten Maschinen. Ein Beispiel: Ein Landwirt baut zunächst Winterspinat an, der im März/April geerntet wird; dann kommen die Bohnen dran, mit Ernte im August/September; und schließlich wird noch eine Frucht angebaut oder Spätkarotten, die „Babykarotten". Auf einem solchen Acker ist nie Ruhe, er wird intensivst chemisch und maschinell „behandelt", dazu kommt noch die ewige Bewässerung. Die Zuckererbsen werden hauptsächlich in der Nacht geerntet, zu einer Tageszeit also, in der sich das ganze Wild dort drückt, und dann bekommt der Endverbraucher gleich ein Erbsen-Hasen-Gulasch ins Haus geliefert. Aber man kann den Landwirten keinen Vorwurf machen: Auch sie müssen mit der Zeit gehen, um zu überleben. Ein wenig Anlaß zu Hoffnung geben die einzelnen Brachen, die heute angelegt werden. Aber es darf bezweifelt werden, daß diese Maßnahmen allein ausreichen, um in Zukunft wieder mit einer Niederwildbejagung rechnen zu können, die diesen Namen auch verdient.

Wasserwild

Bis zum Kriegsende war Wasserwild in hoher Zahl vertreten, vor allem Stockenten lagen zu Tausenden auf den Gewässern; Krickenten und Knäkenten kamen ebenfalls gut vor. Nach dem Zweiten Weltkrieg sind die Besätze aber stark zurückgegangen, und heute ist die brütende Stockente praktisch aus der Lobau verschwunden. Hier dürfte der Hauptgrund in der zunehmenden Beunruhigung durch das intensive Befischen der einzelnen Donauarme zu suchen sein, wo früher niemand gefischt hat. Es wird mit Booten ins Schilf hineingefahren, wodurch

Elberschütt –
einst ein Entenparadies.

es zwangsläufig zu einer gewissen Unruhe kommt.

Mit der Zeit wurde die Entenbejagung vollständig eingestellt, und seit der Nationalpark ausgerufen wurde, darf – zumindest im Wiener Teil – ohnedies nur mehr Schalenwild bejagt werden.

Vielleicht zu diesem Kapitel noch ein interessantes Detail am Rande: Die Entenjagd beim Abendeinfall im Herbst oder Winter, die früher so ein oder zwei Mal im Jahr abgehalten wurde, hat dem Rotwild überhaupt nichts ausgemacht. Ungefähr fünfhundert Meter vom Hauptplatz der Entenjagd entfernt befand sich eine Rotwildfütterung. Das Rotwild hielt die Schrotschüsse ohne weiteres aus. Fiel aber in der Nähe einmal ein Kugelschuß, so war das Rotwild weg. Die konnten das ganz genau unterscheiden!

Bisam und Biber

Die Bisamratte war in der Lobau seit jeher gut vertreten. Mit der Entstehung der Stauwerke, wodurch es zu weniger Überflutungen und zu einem niedrigeren Wasserstand kam, sind die Bisam dann in den Sechzigerjahren stark zurückgegangen. In den Neunzigerjahren haben sie sich wieder ein bißchen erholt. Bejagt werden sie fast überhaupt nicht mehr, die jährliche Strecke am Rand draußen beträgt heute vielleicht fünf Stück im Jahr. Ich finde das schade, denn ich halte die Jagd auf den Bisam für eine äußerst interessante Jagdart.

Mitte der Siebzigerjahre wurden in der Lobau Biber ausgesetzt. Professor König, dem die Sache übertragen war, ließ uns Kunstbaue anlegen und weit abseits davon Beobachtungssitze; weil Biber seien sehr mißtrauisch, meinte er, sie dürften nur ja nicht gestört werden. Und wo hat sich das erste Pärchen angesiedelt? Genau am Mühlleitner Steg, wo Tag für Tag Horden von Ausflüglern durchspazieren! Dort saßen sie herum und ließen sich mit Semmeln füttern.

Es handelte sich um kanadische, polnische und russische Biber. Einige sind überfahren worden, einige sind eingegangen; wenn sie gefunden wurden, sandte man sie zur Untersuchung ein. Irgend so ein verbissener Biberforscher hat trotzdem dann gemeint, wir hätten sie erschossen, was eine absolute Idiotie war. Wem hätte das etwas bringen sollen?

Inzwischen haben sich die Biber stark vermehrt und sind – aus forstlicher Sicht – heute ein ziemlicher Schädling geworden. Sie schneiden Bäume mit sechzig, siebzig Zentimeter Stammdurchmesser um, knabbern die besseren Äste ab, der Rest verfault.

Die Bundesforste haben ein 100 Hektar großes Gebiet zum Biberschutzgebiet erklärt, das jedes Jahr im Frühjahr von den Holzhackern durchgegangen werden muß, um die rund 70 Festmeter Pappeln aufzuarbeiten, die während des Winters von den Bibern gefällt worden sind. Der derzeitige Besatz läßt sich nicht schätzen. Er ist sehr hoch. Mittlerweile sind in der Schwechat,

Bisamburgen im Winter.
Aufgrund eines niedrigeren Wasserstandes ging
der Bisambesatz in den Sechzigerjahren stark zurück.

der Traisen und natürlich in Richtung Orth an der Donau Biber aufgetaucht. Ausgesetzt sind sie aber nur in Mühlleiten und Eckartsau worden. Die auf der Westautobahn überfahrenen Biber dürften also ebenfalls von uns nach Nordwesten hinauf gewandert sein.

Wachtel und Terrier mit einer einzigen Frage auf den Lefzen:
Wann geht's los?

ANKUNFTSZEITEN VERSCHIEDENER VÖGEL bzw. FEGEZEITPUNKT, SETZZEIT

	1959	1960	1961	1962	1963	1964	1965	1966	1967	1968	1969	1970	1971	1972	1973	1974	1975	1976	1977	1978
Kiebitz	1. 3.	-	28. 2.	-	4. 3.	20. 3.	-	-	-	-	28. 2.	11. 3.	14. 3.	8. 3.	-	17. 3.	2. 3.	8. 3.	1. 3.	13. 3.
Ringeltaube	5. 3.	-	2. 3.	28. 3.	9. 3.	18. 3.	13. 3.	1. 3.	28. 2.	9. 3.	11. 3.	13. 3.	19. 3.	11. 3.	13. 3.	15. 3.	4. 3.	16. 3.	2. 3.	4. 3.
Bachstelze	1. 3.	25. 2.	-	-	14. 3.	5. 3.	14. 3.	17. 3.	6. 3.	9. 3.	5. 3.	12. 3.	21. 3.	5. 3.	15. 3.	18. 3.	14. 3.	22. 3.	4. 3.	8. 3.
Schnepfe	12. 3.	15. 3.	1. 3.	-	20. 3.	27. 3.	18. 3.	15. 3.	8. 3.	18. 3.	11. 3.	17. 3.	20. 3.	15. 3.	12. 3.	16. 3.	12. 3.	18. 3.	9. 3.	13. 3.
Schwarzer Milan	25. 3.	24. 3.	22. 3.	7. 4.	1. 4.	1. 4.	2. 4.	2. 4.	31. 3.	27. 3.	28. 3.	31. 3.	2. 4.	1. 4.	1. 4.	2. 4.	4. 4.	29. 3.	31. 3.	28. 3.
Schwalben	31. 3.	5. 4.	-	28. 3.	13. 4.	28. 3.	29. 3.	5. 4.	3. 5.	28. 3.	3. 4.	30. 3.	7. 4.	14. 4.	10. 4.	4. 4.	2. 4.	22. 4.	15. 4.	12. 4.
Wendehals	29. 3.	12. 4.	-	-	16. 4.	13. 4.	5. 4.	13. 4.	17. 4.	5. 4.	5. 4.	9. 4.	9. 4.	7. 4.	5. 4.	7. 4.	16. 4.	11. 4.	4. 4.	5. 4.
Kuckuck	24. 3.	7. 4.	-	15. 4.	17. 4.	20. 4.	17. 4.	18. 4.	10. 4.	14. 4.	22. 4.	19. 4.	19. 4.	7. 4.	10. 4.	9. 4.	16. 4.	16. 4.	22. 4.	17. 4.
Wiedehopf	31. 3.	7. 4.	6. 4.	10. 4.	17. 4.	19. 4.	15. 4.	14. 4.	22. 4.	3. 4.	16. 4.	8. 4.	23. 3.	17. 3.	11. 3.	21. 3.	4. 4.	12. 4.	24. 3.	21. 4.
Turteltaube	20. 4.	29. 4.	-	19. 4.	21. 4.	2. 4.	22. 4.	14. 4.	30. 4.	23. 4.	20. 4.	21. 4.	24. 4.	2. 5.	28. 4.	1. 5.	1. 5.	26. 4.	27. 4.	22. 4.
Pirol	25. 4.	29. 4.	-	3. 5.	3. 5.	9. 5.	3. 5.	9. 5.	9. 5.	6. 5.	1. 5.	27. 4.	3. 5.	28. 4.	30. 4.	2. 5.	10. 5.	3. 5.	4. 5.	5. 5.
Rotschwanz	-	-	12. 3.	-	-	-	-	-	-	-	-	-	-	-	-	-	-	-	11. 3.	10. 3.
1. Bock verfegt	-	-	-	-	28. 2.	-	-	26. 2.	-	-	26. 2.	24. 2.	20. 2.	-	-	26. 2.	-	-	-	-
Tier + Kalb	-	13. 5.	21. 5.	-	-	-	13. 5.	-	-	-	-	-	-	-	-	-	26. 5.	24. 5.	24. 5.	21. 5.

	1979	1980	1981	1982	1983	1984	1985	1986	1987	1988	1989	1990	1991	1992	1993	1994	1995	1996	1997	1998
Kiebitz	1. 3.	6. 3.	14. 3.	10. 3.	12. 3.	22. 3.	10. 3.	6. 3.	-	-	-	19. 2.	2. 3.	-	-	-	-	-	-	-
Ringeltaube	1. 3.	1. 3.	4. 3.	5. 3.	5. 3.	-	10. 3.	6. 3.	17. 3.	17. 3.	14. 3.	11. 3.	-	-	17. 3.	21. 3.	20. 2.	20. 3.	29. 3.	21. 3.
Bachstelze	10. 3.	8. 3.	4. 3.	4. 3.	6. 3.	12. 3.	8. 3.	13. 3.	17. 3.	7. 3.	10. 3.	6. 3.	3. 3.	2. 3.	8. 3.	15. 3.	23. 2.	21. 3.	26. 3.	20. 3.
Schnepfe	13. 3.	15. 3.	20. 3.	10. 3.	15. 3.	-	25. 3.	23. 3.	26. 3.	18. 3.	7. 3.	6. 3.	13. 3.	-	16. 3.	20. 3.	24. 3.	24. 3.	9. 3.	23. 3.
Schwarzer Milan	2. 4.	31. 3.	2. 4.	4. 4.	2. 4.	2. 4.	27. 3.	20. 4.	9. 4.	12. 4.	19. 4.	15. 4.	-	3. 4.	-	26. 3.	6. 4.	31. 3.	4. 4.	31. 3.
Schwalben	9. 4.	31. 3.	2. 4.	11. 4.	13. 4.	15. 4.	11. 4.	7. 4.	8. 4.	16. 4.	4. 4.	8. 4.	20. 4.	7. 4.	17. 4.	11. 4.	10. 4.	6. 4.	27. 3.	20. 4.
Wendehals	3. 4.	17. 4.	27. 4.	8. 4.	12. 4.	12. 4.	7. 4.	17. 4.	9. 4.	11. 4.	19. 4.	10. 4.	12. 4.	16. 4.	12. 4.	10. 4.	10. 4.	6. 4.	24. 4.	-
Kuckuck	17. 4.	28. 4.	13. 4.	16. 4.	19. 4.	20. 4.	20. 4.	22. 4.	24. 4.	19. 4.	14. 4.	18. 4.	7. 4.	25. 4.	18. 4.	16. 4.	24. 4.	17. 4.	24. 4.	19. 4.
Wiedehopf	19. 4.	25. 3.	-	10. 4.	19. 4.	12. 4.	-	-	21. 4.	-	-	-	22. 4.	29. 4.	-	-	15. 4.	15. 4.	21. 4.	23. 4.
Turteltaube	23. 4.	29. 4.	6. 5.	29. 4.	19. 4.	4.5.	22. 4.	23. 4.	5. 5.	17. 4.	2. 5.	24. 4.	17. 4.	21. 4.	26. 4.	16. 4.	25. 4.	27. 4.	26. 4.	1. 5.
Pirol	7. 5.	9. 5.	8. 5.	9. 5.	29. 4.	5. 5.	5. 5.	6. 5.	4. 5.	2. 5.	2. 5.	4. 5.	10. 5.	4. 5.	2. 5.	30. 4.	5. 5.	29. 4.	5. 5.	4. 5.
Rotschwanz	19. 3.	26. 3.	21. 3.	1. 4.	31. 3.	25. 3.	26. 3.	25. 3.	27. 3.	2. 4.	20. 3.	23. 3.	-	-	20. 3.	22. 3.	13. 4.	7. 4.	25. 4.	30. 3.
1. Bock verfegt	-	-	-	-	-	20. 2.	-	-	-	2. 2.	-	-	-	-	18. 2.	23. 2.	25. 2.	25. 2.	-	19. 2.
Tier + Kalb	22. 5.	-	20. 5.	-	13. 5.	9. 5.	-	-	-	22. 5.	-	-	-	-	-	-	14. 5.	-	-	7. 5.

Schnepfe: wenn gestrichen; Kuckuck, Pirol, Turteltaube, Wendehals: beim ersten Ruf; Tier + Kalb: wenn Kalb mitgezogen ist, also mindestens 2 Wochen alt.

ABSCHUSSZAHLEN UNTERE LOBAU
1945 bis 1997

	ROTWILD		REHWILD		SAUEN	MUFFEL	DAMWILD
	Hirsch	Tier+Kalb	Bock	Geiß+Kitz	gesamt	gesamt	gesamt
1945 - 1955	1	12	36	21	1	-	-
1956	-	2	16	13	-	-	-
1957	2	7	24	18	-	-	-
1958	5	6	44	32	-	-	-
1959	2	6	36	10	-	-	-
1960	3	3	16	25	1	-	-
1965	4	8	11	23	5	-	-
1970	4	4	22	43	8	1	-
1975	12	34	19	25	9	2	-
1980	7	14	12	28	9	2	2
1985	4	13	21	27	30	3	-
1990	5	14	11	40	46	12	-
1995	14	32	17	14	117	6	-
1996	14	21	20	19	90	1	1
1997	9	21	11	18	83	1	1

Besondere Jagden

Seit mehr als vierzig Jahren ist die Lobau nunmehr meine Heimat, und das nicht nur im jagdlichen und forstlichen Sinn: Ich lebe hier – in der Au und mit der Au. Wenn ich im Folgenden von außergewöhnlichen jagdlichen Erlebnissen im Ablauf der Jahrzehnte erzähle, um ihre Eigenheiten zu schildern, so wird dem Leser bald auffallen, daß die meisten dieser Erlebnisse von Nachsuchen handeln. Zwangsläufig haben die Erfahrungen, von denen berichtet wird, also mit schlechten Schüssen und jagdlichen Fehlern zu tun. Der Eindruck darf nicht täuschen: Natürlich ist unser Jagen zum weit überwiegenden Teil viel problemloser abgelaufen, als es bei den geschilderten Erlebnissen der Fall war. Extremsituationen eignen sich aber stets ausgezeichnet, um den Charakter des Jagens in einer bestimmten Landschaft zu zeichnen. Nachsuchen in der Lobau haben sich sehr oft zu solchen Extremsituationen ausgewachsen. Bei keiner anderen jagdlichen oder forstlichen Tätigkeit habe ich die Au, ihre Gesetze, ihre Gefahren und ihre Freuden besser kennengelernt.

Ein falscher Gabler

Ende der Fünfzigerjahre. Gerade hatte ich begonnen, mich in der Lobau einzuleben. Später Oktober war es, als der mir zugeteilte Revierjäger Manour und ich im östlichsten Teil des Reviers mit den Forstarbeitern eine Auszeige vornahmen. Diese Revierecke war mir damals noch nicht ganz genau bekannt. So gegen neun Uhr waren wir mit der Auszeige fertig, als der Forstarbeiter so nebenbei erwähnte, in der Früh seien hier in die Erlen einige Stück Rotwild eingezogen. Manour und ich schauten einander an – und waren uns sofort einig: Das gehen wir an!

Wir hatten damals das Rotwild nach der Russenzeit schon auf den gewünschten Stand gebracht und bereits den ersten jagdbaren Hirsch geerntet, außerdem zwei IIb-Hirsche, die man heute als III-er bezeichnen würde, und etliche Stücke Kahlwild. Ein solcher IIb-Hirsch und zwei Stück Kahlwild waren noch frei. Jetzt, zu Ende Oktober, standen wir mitten im Laubfall, die Ansitzjagd war aussichtslos, und ein Birschen ist im dschungelartigen Auwald sowieso vergebliche Liebesmüh. In dieser Zeit bevorzugten wir daher eine Jagdart, die in unseren Tagen wieder stark propagiert wird: den Riegler. Kleine Riegler mit nur zwei oder drei verläßlichen Schützen vom Personal und nur einem Treiber, der natürlich über Wild und Wald genauestens Bescheid wissen mußte, sind in der Au besser als große Triebe.

Außerdem mußte der den Bestand Durchgehende die Kunst des „Zutreibens“ verstehen. Später, als ich die umliegenden Jagden und Jagdnachbarn gut kannte, kamen auch diese als Schützen dazu.

In der Au ist es mit dem Ansprechen und Schießen sehr schwierig. Man kann nur auf einer „Allee“ – so nennt man hier die kleinen Schneisen –, auf einem Weg oder eventuell einem Graben bzw. einer kleinen Blöße vorstehen. Da muß es dann blitzschnell gehen. Sowohl mit dem Ansprechen, als auch mit dem Schuß. Gut sitzen soll dieser aber auch. Das ist nicht jedermanns Sache, so mußte man die Schützen gut kennen, die man einlud. Daß uns dies durch die sorgfältige Auswahl auch gelungen ist, beweist die Tatsache, daß es bei diesen kleinen Rieglern nie zu einem Fehlabschuß gekommen ist. War der Schütze nicht sicher, blieb die Kugel eben im Lauf.

Der ins Auge gefaßte Erlenbestand war ein beliebter Einstand, nicht groß, im Süden durch den Hubertusdamm, im Norden durch einen tiefen, wasserführenden Graben begrenzt. Im Osten lag eine große Wiese und im Westen die etwa fünf Meter breite Stallbodenallee. Hier gingen zwei Hauptwechsel durch. Also, der Vorarbeiter machte den Treiber, Manour blieb als Rückschütze, und ich stellte mich am Ende der Allee an, am Grabenrand. Der erste Wechsel ging sechzig Meter vor mir drüber, der zweite an die hundertfünfzig. Meistens verhoffte das Wild am Bestandesrand, um dann die Allee, den Weg oder die Blöße flüchtig zu übersetzen. Man mußte also durchs Zielfernrohr ansprechen und, so es ging, schnellstens schießen.

Ich nahm den Stand ein, spannte meinen Bockdrilling – mit Kugelpatronen in der 7 x 57R und dem 11,2-Gramm H-Mantel-Geschoß – und stopfte in den Schrotlauf die Brenneke.

Deckung war keine da, so stand ich ziemlich frei, knapp am Rande der Erlen. Ein leichter Wind ließ die Blätter rauschen, sonst war nichts zu hören, außer von der Donau das Tuckern einer schweren Dieselmaschine im Bauch des stromaufwärts fahrenden Kahnes. Auch den Pfiff der Preßburgerbahn vom jenseitigen Ufer konnte man einmal kurz vernehmen.

War da nicht eine winzige Bewegung am Bestandesrand auf dem ersten Wechsel gewesen? Ein genauerer Blick dorthin ließ mich erstarren. Das Haupt eines Alttieres war zu sehen, das zu mir her sicherte. Die Lauscher drehten sich nach allen Seiten, die Lichter waren auf mich gerichtet. Kaum getraute ich mich zu atmen oder mit der Wimper zu zucken. Wie lange die Hochspannung dauerte, kann ich nicht sagen. Es dünkt einem eine Ewigkeit, man verliert jegliches Zeitgefühl. Auch meine Terrier-Hündin verhielt sich völlig ruhig, unbeweglich lag sie hinter mir. Endlich löste das Alttier das Problem, indem es hochflüchtig die Allee überfiel, dahinter das Kalb, dann das Schmaltier. Bei diesem war ich schon beim Zielen, kam aber nicht mehr zurecht.

Schon wollte ich absetzen, als sich waagrecht ein Hirschhaupt ins Blickfeld schob. Blitzschnell angesprochen: ein Gabler, die kamen hier nur alle heiligen Zeiten vor – paßt!

Auch dieser Hirsch setzte flüchtig über die Allee, eine kurze Korrektur des Abkommens, mitgeschwungen, und als der Hirsch eben im Begriff war, in den Goldruten zu verschwinden, drückte ich ab, gefühlsmäßig aber die Spur zu früh, der Schwung war noch nicht genügend weit vorne gewesen! Weg war der Spuk. Kurz noch ein Brechen im Bestand, dann Ruhe. Nur aus dem Graben hinter mir erhob sich ein Schof Enten mit der entsprechenden Begleitmusik. Die Hündin setzte sich auf und schaute in die Richtung des Wechsels, beruhigte sich und sank wieder in sich zusammen.

Der Treiber und der Revierjäger Manour kamen fast zugleich bei mir an. Den Treiber wies ich auf den Anschuß ein und hieß ihn, stehen zu bleiben, bis ich dort sei. Mit Manour gingen wir nun gemeinsam hin. In der Nähe angekommen, rochen wir den Anschuß auch schon. Sekunden später sahen wir die Bescherung. Auf den Goldruten verspritzt lag Panseninhalt, ganz wenig dunkler Schweiß war dabei, ob Leber oder Milz konnte man nicht sagen. Verdammt! Hatte mich mein Gefühl doch nicht getäuscht, noch nicht weit genug vorne im Hirsch zu sein. Oder war der Hirsch einfach schneller gewesen als gedacht?

Der Fall war klar. Der Treiber ging zu seiner Holzarbeiterpartie, wir beiden setzten unsere forstlichen Vorhaben fort. Am Nachmittag würden wir nachsuchen. Allerdings brauchten wir dann noch einen Schützen zum Vorstellen. Da fiel uns der junge Adjunkt ein, der vormittags Kanzleidienst verrichten *mußte* und nachmittags Revierdienst machen *durfte*. Manour übernahm es, ihn zu verständigen, und um zwei Uhr trafen wir uns hier zur Nachsuche.

Noch ein Wort zu unseren Hunden: Geübte Hunde für die Schweißfährte hatten wir damals nicht. Manour führte neben zwei Vorstehhunden fürs Niederwild eine Foxl-Kreuzung-Hündin, die Lydi, die in erster Linie für die Bauarbeit herangezogen wurde. Da war sie sehr tüchtig. Schweißarbeit fiel ja äußerst selten an, und wenn, dann war es meist eine kurze Totsuche. Meine eigene Jagdterrier-Hündin Zotti hatte ich vor zwei Jahren im Alter von achtzehn Monaten total verdorben und ungezogen übernommen. Ihr ehemaliger Besitzer hatte sie erschießen wollen, weil er ihrer nicht mehr Herr wurde. In Ermangelung eines anderen Terriers nahm ich die Hündin, es folgten harte Zeiten für uns beide, doch wurde sie schließlich recht brauchbar, sowohl bei der Arbeit unter als auch ober der Erde. Nur auf Schweiß waren wir noch nicht soweit, obwohl ich schon einige künstliche Schweißfährten gelegt hatte, die sie ganz gut gearbeitet hatte. Eine einzige echte Nachsuche hatten wir vor einem Monat auf ein Schmaltier mit Leberschuß durchgeführt, eine Übernachtfährte. Es war eine einfache Totsuche. Aber, wie gesagt, andere Hunde standen nicht zur Auswahl, also mußten wir es mit diesen beiden versuchen. Zuerst sollte Manour mit dem Foxl antreten, und falls dieser versagte, dann ich mit der Zotti. Gott befohlen, es ging nicht anders. Nach fünf Stunden Wartezeit würde der schwache Hirsch wohl schon verendet sein, so hofften wir. Doch es kam anders.

Um Punkt zwei Uhr standen wir bei der Allee, als der Adjunkt auf seinem Motorroller dahergebraust kam, eine Staubfahne hinter sich herziehend und mit dem einzigen Gewehr, das er damals besaß, einer russischen 16er-Flinte! Daran hatten weder Manour noch ich gedacht. Ja, damit konnte er, auf der Schwadorfer Allee vorgestellt, nicht viel anfangen, wahrscheinlich gar nichts. So gab ich ihm meine Hausschlüssel, erklärte ihm, wo er den von mir erst kürzlich erworbenen umgebauten 98er – mit einem russischen Flak-Zielfernrohr versehen – und die aufgebohrten Vollmantelpatronen finden würde. Das mußte in einer halben Stunde zu schaffen sein, da warteten wir eben so lange. Er sollte dann sofort den ihm von Manour beschriebenen Stand beziehen, wir wollten vom Anschuß weg die Nachsuche angehen.

Der Adjunkt brauste also wieder ab, während wir beide uns zum Tatort begaben und die halbe Stunde verstreichen ließen. Dann wurde Lydi an die lange Leine genommen. Ich blieb als Rückschütze am alten Stand zurück. Manour verschwand mit seiner Hündin im Bestand, der aus schlechtwüchsigen, mit allerlei Dorngestrüpp unterwachsenen Weißpappeln bestand. Goldruten gab es auch genug. Eine Weile hörte ich die beiden noch herumkrebsen, dann länger nichts mehr, dann kamen Brechen und menschliche Stimme wieder näher, bis Manour samt Hund schließlich auf der Allee erschien: Die Hündin habe keine Lust, wolle nicht auf der Schweißfährte gehen, bedeutete er mir. Ich solle es mit Zotti versuchen.

Nun kam Zotti an die lange Leine – eine Wäscheleine, denn etwas anderes hatten wir nicht –, ein Bittspruch noch an den heiligen Hubertus, und dann probierten wir es halt. Das Zielfernrohr wanderte in den Rucksack, der Drilling wurde entspannt. Und siehe da, wider Erwarten, die Hündin saugte sich fest, ging gut in der Leine liegend auf der Krankfährte dahin! Ab und zu verwies sie sogar einen Batzen Pansenbrei, Schweiß war keiner zu sehen. Wir waren schon ganz schön weit drinnen, als die Hündin plötzlich lebhaft wurde, mich nachzog und – laut wurde! Da muß der Hirsch in der Nähe sein, denke ich gerade, als vor uns schon ein Stück wegbricht. Deutlich höre ich das Anstreichen der Stangen am Gesträuch. Ob es unser Hirsch ist? Wohl kaum, weil der mußte ja schon längst verendet irgendwo liegen. Da wird die Leine auch schon wieder schlaff, na also, einen Schmarren sind wir am Wild. Aber nein, das frische Wundbett ist es, das von der Hündin nun gründlichst untersucht wird!

Der Hirsch muß schwerstens krank sein, sonst hätte er uns nie so dicht an sich herangelassen. Also runter mit der Halsung, und lauthals geht es auch schon dahin. Kurz danach ein regelrechtes Aufjaulen, dann kreuzt es im Bestand hin und her. Endlich, ganz giftiger Standlaut. Ich kämpfe mich ohne Rücksicht auf Haut und Kleidung durch diese verdammten Dornenbüsche, doch, wie halt in der Au üblich, der Hirsch bricht die Bail, bevor ich überhaupt etwas von ihm sehen kann. So geht es kreuz und quer, nie komme ich heran. Schließlich wird es dem Hirsch hier zu bunt, die Hatz geht Richtung Schwadorfer Allee. Dort aber würde jetzt gleich der erlösende Fangschuß vom Forstadjunkten fallen!

Doch dem ist nicht so. Die Hatz geht weiter in die „Schwadorferin" hinein. Das ist ein schlechtwüchsiger Weißpappelbestand, gemischt mit dem stinkenden Ailanthus – dem Götterbaum –, viel Goldrute, gottlob aber wenig Dornsträuchern. Wieder Standlaut. Na, aber jetzt mußte bald der Fangschuß kommen! Wir hatten ausgemacht, daß, wenn der Hirsch in der Nähe vom Schützen vom Hund gestellt würde und der Hundeführer noch nicht da sei, der Schütze herangehen und den Fangschuß geben solle. An und für sich ist das nicht üblich und ohne vorherige Absprache auch nicht empfehlenswert, unter Umständen sogar lebensgefährlich. Kein Fangschuß, weiter geht die Hatz, neuerlich Standlaut. Endlich der Schuß. Leider geht die Hatz jedoch wieder weiter. Also „ran an den Feind", stürme ich wieder dahin. Der Adjunkt kommt mir entgegen, auf seinen Stand zurück. „Fahrkarte", deutet er.

Für lange Erklärungen ist jetzt keine Zeit. Auf zur nächsten Bail! Das alte Lied wiederholt sich. In Schweiß gebadet, bin ich einem Schwächeanfall nahe. Der Hirsch erlöst mich vorerst einmal, indem er den Bestand verläßt und das Kühwörther Wasser annimmt, um rinnend die Orther Au zu erreichen. Heiliger Hubertus hilf, daß der Hund dem Platzpfiff mit der Trillerpfeife folgt und nicht dem Hirsch! Er folgt dem Pfiff, allerdings macht er nicht „Platz", sondern genießt das kühlende Bad, was ich ihm neide. Gerne würde ich dasselbe tun. So lasse ich ihn lange im Wasser sich austoben, dann kommt die Hündin an die Leine. Der Einstieg wird verbrochen, und langsam gehe ich zur Allee zurück. Manour und der Adjunkt kommen mir entgegen. Fragende Blicke. Kurze Erklärung. Den Hirsch in Ruhe lassen und morgen weitersuchen? Geht nicht. Morgen haben wir alle keine Zeit, ganz abgesehen davon ist es mehr als fraglich, ob unsere Hunde die Übernachtfährte überhaupt finden, geschweige denn arbeiten würden.

Es hilft nichts, wir müssen heute fortsetzen. Manour und ich wollen über die Gänshaufen-Traverse das Wasser queren, den Ausstieg des Hirsches drüben suchen und, wenn möglich, dort die Nachsuche wieder aufnehmen. Manour erklärt dem Adjunkten dessen neuen Stand an der Schwadorfer

Rinne, denn wir vermuten, daß der Hirsch, wenn er noch derart gut auf den Läufen war, versuchen würde, dort seinen Einstand zu erreichen. Vorher interessiert mich aber noch der mißglückte Fangschuß. Der Adjunkt erklärt: Auf der Allee sei der Hirsch auf zu weite Entfernung und zu schnell drüber. Als er sich in den Goldruten gestellt habe, sei er zuerst nicht herangekommen, der Hirsch habe dann die Bail gebrochen. Beim zweiten Versuch sei er auf gut fünfzehn Schritt am Gabler dabeigewesen, aber nur das Haupt und der halbe Träger hätten herausgeschaut, und selbst das nur, wenn der Hirsch gerade sicherte und nicht den Hund abwehrte. Also war er in Anschlag gegangen, habe aber nichts gesehen, daher gedacht, das Glas sei beschlagen, habe es abgewischt, aber davon sei auch nichts besser geworden. Inzwischen war klar, daß der Hirsch nicht mehr lange hielt, und so habe er den Schuß nach Gefühl – „über habs" – angetragen und gefehlt. Die Ursache für das finster bleibende Zielfernrohr? Das war sein Schal gewesen, beim Rollerfahren so schön flatternd, aber beim In-Anschlag-Gehen hatte er sich vorne ums Fernrohr gewickelt...

Die nächste Etappe beginnt, als wir am jenseitigen Ufer zwischen den verdammten „Bubiköpfen" – der Bültensegge – entlang des Wassers stapfen und stolpern. Die Augen auf den Schlamm gerichtet, entdecke ich den vermutlichen Ausstieg, da neben der Fährte im Wasser dieses trüb ist, vor nicht allzu langer Zeit aufgewühlt. Zotti zeigt Interesse, gerade will ich Manour mitteilen, daß ich die Fährte habe, als von ihm, der ein paar Meter neben mir geht, wildes Geschrei ertönt, das seiner Hündin Lydi gilt. Die hat nämlich auch die frische Fährte in die Nase bekommen, der Jagdneid hat sie wohl narrisch gemacht. Sie hat es irgendwie geschafft, das Halsband abzustreifen, und laut jagend stiebt sie nun dahin, in die Orther Au. Das hatte gerade noch gefehlt! Also meine Hündin ebenfalls geschnallt, und schon ist auch sie lauthals im Schilf- und Weidengürtel verschwunden.

Was hätte ich sonst machen sollen? Die Zeit wurde außerdem knapp, viel mehr als eine gute halbe Stunde Büchsenlicht stand uns nicht mehr zur Verfügung. Im Bestand wurde es noch früher dunkel. Manour lief nun seiner Hündin nach, die mit spärlicher werdendem Laut bereits im Bestand hinter dem Weiden- und Schilfgürtel zu hören war. Meine Hündin konnten wir hingegen noch besser vernehmen.

Bevor er mich verließ, beschrieb mir Manour noch meinen Weg zur Nordseite der Schwadorfer Rinne. Ganz sicher werde der Hirsch nämlich dort seinem alten Einstand zustreben. So versuchte ich so schnell wie möglich, um die Baumeister-Lacke herumzukommen. Es gelang wohl, doch die Gummistiefel füllten sich dabei mit Wasser. Aber es half nichts, nur rasch weiter, auch wenn auf der drüberen Seite schon der Adjunkt auf seinem Stand stehen mußte. Aber wer garantierte schließlich, daß der Hirsch wirklich nur den einen Wechsel annahm? Dann mußte ich auch noch durch das nicht bewirtschaftete Bauhäufel durch. Zusammengebrochene Weiden, alles durch die mehrmaligen alljährlichen Hochwasser voller Schwemmgut, dazu noch Brennesseln und Schilf und sonstiges Gesträuch. Endlich war auch das Bauhäufel geschafft, und ich erreichte die Rinne, um mich nun am Ufer, unter dem überhängenden Gestrüpp durch, weiter nach Osten vorzuarbeiten. Plötzlich vernahm ich hinter mir Gekeuche. Als ich mich umdrehte, sah ich meine Hündin hinter mir herkommen! Sie gab die Hatz auf, wohl wegen Lydi, mit der sie sich noch nie vertragen hatte. Bei jeder Gelegenheit rauften die beiden, mit bitterstem Ernst.

Von der Lydi hörte ich nichts mehr, kein Hatzlaut, kein Standlaut.

Gerade einem Hindernis ausweichend und mich innen durchkämpfend, drang plötzlich eine wahre Kanonade an mein Ohr. Ziemlich weit unter mir mußte es sein, der Platz war von hier nicht einsehbar. So blieb ich vorerst einmal stehen, um nicht selbst in Gefahr zu kommen, nachdem ich vorher meiner Hündin den Befehl „Fuß!“ ausgegeben hatte. Ob da unten nun drei, vier oder fünf Schuß gefallen waren, das hatte ich gar nicht so richtig wahrgenommen. Wichtig war, daß sie fielen, war es doch ein Zeichen, daß der Hirsch offensichtlich nicht mehr weiterkam. Dem war tatsächlich so. Laute Rufe verständigten mich, daß der Hirsch liege, und so arbeitete ich mich noch weiter nach Osten vor, bis ich freien Ausblick bekam.

Der Hirsch lag drüben, am Flachufer. Lydi rupfte ihn kräftig. Sollte sie ruhig, jetzt war es schon gleich. Auf meiner Seite der Rinne stand Manour, der kurz zuvor dem Hirsch übers Wasser den letzten Fangschuß antragen hatte können, nachdem ihn vorher unser Adjunkt mit dem 98er „bewegungsunfähig“ geschossen hatte. Der Adjunkt näherte sich nun langsam dem Hirsch. Manour und ich mußten einen größeren Umweg bis zur Furt der Rinne machen und kamen so beim letzten Büchsenlicht auch dort an. Allseits herrschte große Freude über das Ende der vermeintlichen einfachen Totsuche.

Manour nahm seine Hündin an die Leine, und so konnte auch meine Hündin sich am Hirsch austoben, was ihr ausgiebigst gestattet wurde. Fertig mit Körper und Nerven waren wir eigentlich alle, jeder hatte seinen Teil beigetragen zum späten Erfolg. Der Hirsch allerdings war kein Gabler, sondern ein ungewohnter Sechser: Augsproß, dann ein langer Säbel ohne Mittelsproß und oben auf beiden Seiten eine kleine Krebsschere. In der Schnelligkeit beim Ansprechen durchs Zielfernrohr hatte ich diese Krebsscheren übersehen. Ein Abschußhirsch war es aber so oder so. Mein Schuß war ein reiner Pansendurchschuß gewesen, der bloß die Milz streifte. Daher hatte der Hirsch auch noch die Kraft zu einer solchen Flucht gehabt. Mit einem normalen Weichschuß hätte er sicher nicht so lange ausgehalten, es waren nun doch schon sieben Stunden seit dem Schuß vergangen, und ohne Zweifel hätte der Hirsch noch länger gelebt, hätten ihn nicht vorher die Fangschüsse zur Strecke gebracht.

Zum hier geübten Jagdbetrieb möchte ich noch ergänzend sagen, daß wir natürlich bis zum Laubfall die normale Ansitzjagd ausübten und erst den Rest der Jagdzeit solche Kleinriegler in Abständen von einigen Wochen und wechselnden Einständen praktizierten. So waren wir immer mit dem Abschuß zurecht gekommen, und das Wild war keinem starken Jagddruck ausgesetzt. Das noch zu erlegende Rehwild wurde in dieser Zeit in der Nähe der Felder mit den Wintersaaten bejagt, was wiederum keine Beunruhigung des Rotwildes nach sich zog.

Natürlich stellten wir uns bei dem Hirsch die Frage: Was hatten wir falsch gemacht? Sicher wäre es besser gewesen, ihn über Nacht in Ruhe zu lassen. Doch, wie eingangs erwähnt, hatten wir damals keine auf Schweiß gearbeiteten Hunde, und unseren beiden Hündinnen vertrauten wir zu wenig. Im übrigen aber glaube ich noch heute, daß wir grundsätzlich richtig gehandelt haben. Wäre das Pech (nur Pech?) mit dem Schal nicht gewesen, dann hätte es ja ein schnelles Ende der Nachsuche gegeben. Ja, bei derart rasch hingeworfenen Schüssen auf schmalen Wegen oder Schneisen, da kann es schon vorkommen, daß der Schuß einmal nicht dort sitzt, wo man ihn gerne haben möchte. Und die Lehre aus dieser Geschichte? Wenn man sich nicht ganz sicher ist, lieber den Finger gerade lassen!

Einer der ersten Hirsche, die nach dem Abzug
der Besatzungsmächte in der Lobau erlegt wurden.

Der Figl-Bock

In dieselbe Zeit, genauer gesagt in das Jahr 1958, fällt die folgende Episode.

Der ehemalige Außenminister und beliebte Altbundeskanzler Leopold Figl kam in den Fünfzigerjahren nach dem Abzug der Besatzungsmacht alljährlich auf einen jagdbaren Brunfthirsch in das inzwischen von mir geführte Revier in der Lobau. Erlegt hat er keinen, weil er dafür nie genügend Zeit hatte. In der Regel fuhr er immer nur für einen Abend oder einen Morgen heraus, meistens zum ungünstigsten Zeitpunkt, also entweder zu früh oder zu spät in der Brunft.

Seit dem Staatsvertrag 1955 hatte ich nach und nach ein paar Kanzeln angelegt, so auch die Figl-Kanzel am Pürschgraben, die in eine starke Schwarzpappel hineingebaut worden war. Von hier aus sah man zu den beiden besten Brunftplätze des Reviers, zum Runden Boden, wo sich ein Wildacker befand, und nach Rohrwörth.

In dieser Gegend zog aber auch ein sehr guter zurückgesetzter Rehbock seine Fährte, und ich konnte ihn laufend bestätigen. Insgeheim hatte ich mir überlegt, daß, wenn Figl anreiste und es mit dem Hirsch wieder nichts wurde, er wenigstens diesen starken Rehbock erlegen sollte. So gab ich dem Bock seinen Namen: „Figl-Bock". Um eben diesen Bock rankte sich dann aber eine ganz andere Geschichte als geplant. Der Bundeskanzler jedenfalls hat ihn nie in seinem Leben gesehen.

Es war zu Ende der Rehbrunft, als Figl mich wissen ließ, daß er in diesem Jahr überhaupt nicht in die Lobau herauskommen könne. Wie jeden Abend stand ich vor dem Forsthaus und besprach mit dem Vorarbeiter den Arbeitsplan des nächsten Tages, als mein – von allen gefürchteter – Vorgesetzter daherkam, ein äußerst genauer, um nicht zu sagen penibler Mensch. Er machte mir Vorwürfe, daß ich schon längere Zeit keinen Rehbock geschossen hätte und meinte, der Wildbrethändler dränge auf Lieferung. Da platzte meinem Vorarbeiter, der ein gerader Michel war, der Kragen: „Wenn ich an Ihrer Stelle wäre, Herr Forstmeister, ich tät mich schämen. Jetzt sind Sie schon fast neun Jahre hier heraußen und haben noch nicht ein einziges Stück Schalenwild erlegt. Warum gehen Sie nicht hinaus und zeigen dem Förster, daß auch Sie das können?"

Der Forstmeister war sichtlich betroffen. Ja, er werde hinausgehen und einen Rehbock schießen, meinte er. Trotzdem, auch ich solle einen erlegen, Ib oder IIb, alles sei ihm recht.

„Ja, Herr Forstmeister, aber erst, wenn Sie Ihren haben!" antwortete ich.

Am folgenden Tag machte sich der Vorgesetzte mit Revierjäger Manour samt Kutscher und unserem Ein-PS-Jagdwagen auf den Weg in den unteren Revierteil. Erst kürzlich hatte er sich einen Mannlicher-Stutzen gekauft. So fuhren sie also dahin, die drei. Dem Revierjäger hatte ich noch den Auftrag gegeben, im Falle des Falles einen möglichst großen Bruch zu überreichen. Als ich am Abend die Eisenräder des Jagdwagens auf der Schotterstraße heranknirschen hörte, schaute ich auf den Hut des Forstmeisters und hinten auf den Jagdwagen: kein Bruch, kein Rehbock. Der Forstmeister verzog sich blitzartig in sein Haus, und Manour berichtete von einem Malheur: Die beiden waren auf dem Hubertusdamm angesessen, und er hatte geblattet. Vor ihnen lag ein verschilfter Graben, daneben mit Sträuchern bestockte Heißlände. Schon bald hörte man durch das Schilf Wild anwechseln. Der Forstmeister machte sich fertig. Tatsächlich trat am Schilfrand ein passender Bock aus, ein kurzes Zeichen zum Vorgesetzten, der richtete sich, und bevor er noch gezielt hatte, war der Schuß auch schon draußen. Leichenblaß und mit seinen falschen Zähnen klappernd entschuldigte er sich, daß er halt mit diesem Gewehr noch nicht vertraut sei. – Das war's dann für diesen Abend gewesen.

Am nächsten Tag zogen sie wieder los und kamen am Spätnachmittag heim. Diesmal steckte tatsächlich am Hut des Forstmeisters ein halber Eichenast, und ein zweijähriges Gabelböckchen hing hinten am Jagdwagen. Mit kräftigem Weidmannsheilwunsch auf den Lippen stürmte ich heran. Der Vorgesetzte meinte nur, jetzt sei ich dran. – Später erzählte mir Manour, daß der armselige Bock nur gekrellt gewesen war und lediglich durch seine rasch erfolgte „Nachhilfe" überhaupt zur Strecke gekommen sei.

Es war zeitig genug am Tag, ich bestieg mein Fahrrad, die Terrier-Hündin lief neben mir her, und wir fuhren zur besagten Figl-Kanzel. Denn nur diesen Bock hatte ich im Sinn, und das auch nur dann, wenn er ohne zu blatten auftauchte und sich brettelbreit hinstellte. Bequem saß ich oben, rauchte genüßlich meine Zigarre und hing meinen Gedanken nach. Noch bei hellichtem Sonnenschein blendete mich plötzlich ein roter Fleck. Der Bock war da! Suchend zog er zwischen den Sträuchern umher, aber er stand nie breit. Ich rauchte also weiter, der Bock verschwand wieder. Kurz vor der Dunkelheit aber kam er noch einmal. Und jetzt präsentierte er sich so, wie ich es zuvor mit mir selbst ausgemacht hatte. Das war sein Todesurteil. Es war keine Kunst, ihn zu erlegen.

Der mißtrauische Forstmeister hatte an und für sich angeordnet, Trophäenträger im grünen Zustand samt schriftlicher Streckenmeldung vorzulegen. Dazu war es aber heute zu spät. Also schärfte ich das Haupt ab, kappte die Trophäe und wässerte sie in einem Kübel ein. Am darauffolgenden Morgen erst nahm ich sie heraus, leerte den Eimer, ließ das Krickerl ein wenig abtropfen und gab es zurück in das Gefäß. Zusammen mit der Streckenmeldung machte ich mich damit auf den Weg zum Forstmeister. Der saß gerade über seiner forstlichen „Heiligen Schrift" und trug mit Tinte Daten ein. Diese „Heilige Schrift" war das sogenannte „Operat", ein dicker Foliant, in dem der

Der „Figl-Bock“.
Gesehen hat ihn Altbundeskanzler Leopold Figl allerdings nie.

gesamte Forstbetrieb bis ins kleinste Detail aufgenommen und beschrieben wurde, sowie auch alle vorgesehenen Maßnahmen wie zum Beispiel Schlägerungen, Forstkulturen und anderes mehr; kurz: das große, allumfassende Wirtschaftsbuch des Betriebes.

Ich grüßte und reichte die Streckenmeldung über den Schreibtisch. Wo denn der Bock sei, fragte mein Vorgesetzter. Auf die Frage hin griff ich in den Kübel und hob das Krickel langsam in die Höhe. So, wie meine Hand nach oben ging, so ging auch der Forstmeister langsam von seinem Stuhl hoch. Dann folgte sein üblicher Spruch bei vom Personal erlegtem Wild: „Gratuliere, gratuliere!" – Weidmannsheil entbot er nämlich nur Gästen. Gleichzeitig wurden seine Augen immer größer, das Gebiß erzeugte die bei ihm bei Erregung üblichen deutlich vernehmbaren Klappergeräusche. Seine Hand griff nach dem Haupt. In gemessenem Tempo führte er es zu sich, nicht bemerkend, daß wäßrige Schweißtropfen dabei auf das Operat herunterfielen und die sauberen, mit Tinte geschriebenen Angaben zum Zerfließen brachten. Er drehte das Krickel hin und her, bestaunte es von allen Seiten, und schließlich brach es aus ihm heraus: „Das ist aber ein guter Bock! Wäre das nicht der richtige Forstmeister-Bock gewesen?"

„Jawohl, es ist ein richtiger Ib-Bock, und es wäre ein Forstmeister-Bock, wenn ihn ein Forstmeister erlegt hätte. Nachdem ihn aber ein Förster erlegt hat, ist es bloß ein Förster-Bock", gab ich zur Antwort.

Im ersten Moment sah er mich erstaunt an, und ich glaubte schon, jetzt werde ein Donnerwetter folgen. Aber er meinte nur „Da haben Sie recht, nun ist es ein Förster-Bock" und gab mir das Krickel zurück.

Rasch verstaute ich es im Eimer und verschwand mit einer zackigen Kehrtwendung aus dem Zimmer. Denn die Flüche wollte ich mir lieber nicht mit anhören, wenn er die selbst verursachte Bescherung im Operat bemerkte. Um ganz ehrlich zu sein, vergönnte ich diesem I-Tüpfelreiter dieses Mißgeschick sogar. Es war derselbe Mann, von dessen enormem Försterverschleiß ich auf anderen Seiten dieses Buches erzählt habe.

Manchmal tut halt auch Schadenfreude einfach gut...

Gusto und Ohrfeigen

Welch verschiedene Geschmacksrichtungen einem in einem langen Jägerleben unterkommen können, soll die folgende Begebenheit dokumentieren, die sich in der Lobau im September 1960 abgespielt hat. Da erreichte mich eines Tages der Anruf des Präsidialchefs des Bundeskanzleramtes, daß am nächsten Tag ein Regierungsgast auf einen Hirsch käme. Was wir wohl noch frei hätten? – „Nur noch geringe Abschußhirsche", war meine lapidare Antwort. Na schön, dann solle ich wenigstens von denen einen etwas besseren aussuchen, kam nun als Ansinnen des Anrufers. Das war natürlich leicht gesagt, aber um so schwieriger auszuführen, jetzt am Ende der Brunft. Aber was half es, man war ja schließlich Kummer gewöhnt.

Am folgenden Tag, kurz nach dem Mittagessen, würde der Gast eintreffen. Wohin, oh Herr, sollte ich mich mit ihm begeben? Im Geierhaufen, einer mit Weißerle und Goldrute bestockten ehemaligen Schotterbank, an deren Rand sich ein einigermaßen sichtiger Graben befand, da war in den letzten Tagen noch Brunftbetrieb gewesen, wohl durch ein spätbrunftiges Tier verursacht. Ja, dort würden wir noch die größten Chancen haben.

Pünktlich kam der Gast mit seiner Frau an. Nur: Das Wetter spielte nicht mit. Über Nacht war warmer Wind aufgekommen, hatte ebensolchen Regen mitgebracht, und somit standen die Aussichten denkbar schlecht. Zu ändern war nichts, also gingen wir es an. Wir, das waren die beiden Herrschaften, mein Forstpraktikant Heinz und ich. Mit dem Auto kamen wir ziemlich weit, das war gut. Dann mußten wir zu Fuß weiter, geplagt von Gelsenschwärmen, was für die Gäste alles andere als angenehm war. Doch das schon ältere Ehepaar verhielt sich mustergültig. Also jagdlich ferm schienen sie zu sein.

An der Schwadorfer Rinne wurde die Frau „abgelegt“, auf eine Kanzel zur Beobachtung geschickt, denn auf der Geierhaufenkanzel war nur für zwei Personen Platz. Der Praktikant wurde weiter drinnen abgestellt, mit dem Auftrag, uns zu verständigen, falls sich dort was tat. Ansonsten hatte er strikten Auftrag, zu bleiben, bis er wieder abgeholt wurde, gleichgültig, was auch geschah.

Der Gast und ich bestiegen die Kanzel, die am Rande des Geierhaufen-Grabens stand, und machten es uns bequem. Eigentlich war es für den Ansitz viel zu früh, aber was weiß man schon? In der Brunft kann alles mögliche Unerwartete passieren. Der Gast machte einen recht guten Eindruck auf mich. So erfuhr ich, daß er in den Bayerischen Alpen ein Rotwildrevier gepachtet hatte, er sich trotzdem aber schon immer sehnlichst gewünscht hatte, einmal in der Au zu jagen. Auch als ich ihm erklärte, daß wir „nur“ auf einen Abschußhirsch jagen würden, um nur ja keine falschen Hoffnungen zu wecken, meinte er, das täte nichts zur Sache.

Nach längerer Zeit hörten wir aus dem gegenüberliegenden Erlenbestand leichtes Brechen, auch einmal Stangenschlag. Da schlug doch wahrhaftig ein Hirsch mit seinem Geweih irgendeinen Strauch zu Schanden! Dann war wieder längere Zeit nichts zu hören. Aber jetzt, ein Knörer, ein Trenzer, schließlich faules Melden! Unsere Nerven begannen zu vibrieren, der Pulsschlag stieg. Meinen Gast fing es an, richtig zu beuteln, trotz seiner Jahre war er also alles andere als abgebrüht. Hoffentlich hörte vor dem Schuß – falls es dazu kam – das Jagdfieber auf! Aber noch war es nicht soweit, es wurde wieder alles ruhig.

Da sich nun schon längere Zeit nichts gerührt hatte, wollte ich es mit dem Tierruf, dem Mahnen, versuchen. Ich klärte den Gast auf, wies ihn auf die möglichen Anwechsel hin und warnte ihn dringend, nur ja nicht auf einen nicht halbwegs breit stehenden Hirsch zu schießen. Das wurde alles verstanden und akzeptiert. So mahnte ich einige Male in Richtung des Geierhaufens. Vorerst tat sich nichts, dann aber hörten wir beide das Anstreichen von Stangen an Ästen, und plötzlich stand rechts von uns, keine fünfzig Meter entfernt, ein Hirsch. Schnell angesprochen, deutete ich dem Gast, daß der Hirsch paßte. Ein alter Bekannter war es, ein starker Achter mit klobigen Stangen. So an die fünf Kilo Geweihgewicht würde er wohl haben. Einen besseren Hirsch hätten wir uns gar nicht wünschen können. Vor einigen Tagen erst hatte ihn Außenminister Figl gefehlt, als der gute Achter gerade über die Schwadorfer Rinne gewechselt war.

Eine kurze Zeit verhoffte der Hirsch, dann wendete er nach links, langsam am Rand der Grabensohle von uns wegziehend. Der Gast war im Anschlag, ich beobachtete den Hirsch und wartete nur, daß er den nächsten Wechsel erreichte. Dort würde er sich wenden, und da wollte ich ihn anmahnen, damit er sich breitstellte. So kalkulierte ich vor mich hin, als völlig unerwartet der Schuß brach, ganz spitz von hinten! Der Hirsch zuckte nur erschrocken zusammen, verfiel in Troll und verschwand wieder in den Erlen. Das war ein Fehlschuß reinster Güteklasse gewesen! Natürlich war ich wütend und verhehlte dies auch dem Gast gegenüber nicht. Der aber war wie in Trance. Meine harten Vorwürfe nahm er zerknirscht zur Kenntnis und entschuldigte sich bei mir: Sein innerer Schweinehund habe ihn besiegt, er habe den Hirsch mit einem Trägerschuß erlegen wollen. Gottlob hatte er wenigstens den Schuß nicht ganz woanders angetragen! Obwohl ich sicher war, daß die Kugel fehlgegangen war, stieg ich leise vom Hochsitz und untersuchte den Anschuß. Außer den leichten Ausrissen war nichts zu finden. Also ein klarer Fall, und ich stieg wieder auf die Kanzel. Fragende Blicke des Herrn Doktor: Was nun? – Nichts, sitzen bleiben!

Eine weitere halbe Stunde später hörte man wieder aus den Erlen verschiedene Geräusche, die auf Bewegung da drinnen schließen ließen. So begann ich erneut zu mahnen. Gar nicht lange dauerte es, als auf dem unteren Wechsel, so an die hundertfünfzig Meter unterhalb, ein starker Hirsch erschien. Ein Blick durchs 8 x 56 Hensoldt ließ mein Herz einen Gewaltsprung machen. Es verschlug mir den Atem, und ich spürte so etwas wie Jagdneid, den ich sonst nicht kenne. Da stand ein Abnormer, ein Einstangenhirsch, der noch dazu alt und stark war. Der rechte Hinterlauf war angewinkelt und baumelte in der Luft. Auf der rechten Seite trug er eine klobige, lange Stange mit Dreierkrone, links hatte er nur ein kurzes, verstümmeltes Augende und einen faustgroßen Knödel – sonst nichts. Warum Jagdneid? Das wäre ein „Personalhirsch" höchster Güteklasse gewesen, den ich liebend gern selber geschossen hätte. Noch dazu, wo der Stümper von Gast zuvor seine Chance so miserabel vergeben hatte! Aber es half alles nichts, Gast ist Gast und genießt absolutes Vorrecht. Noch dazu ein Regierungsgast!

Da blieb nichts anderes übrig, als auf den fragenden Blick nur mit dem Kopf zu nicken. Komisch humpelnd begann der Hirsch durch den Graben zu ziehen. Der Herr Doktor war im Anschlag, so mahnte ich den Hirsch kräftig an. Dieser blieb ruckartig stehen, verhoffte zu uns her, und schon brach der Schuß, für meine Begriffe viel zu schnell. Der Hirsch machte eine gewaltige Flucht, ich hörte dumpfen Kugelschlag, gleich darauf war der Abnorme in den Erlen auf unserer Seite verschwunden, nachdem er auch die Böschung eigentlich normal genommen hatte.

Der Gast war mit den Nerven ziemlich fertig. Sein Atem ging stoßweise, es schüttelte ihn, seine Augen blickten mich weit aufgerissen zweifelnd an. Bevor ich mich daran machte, ihn zu beruhigen, fragte ich ihn nach dem Abkommen. Die Antwort bestätigte meine durch den dumpfen Kugelschlag der 9,3 x 62 ausgelöste Vermutung: Er sei etwas zu weit hinten abgekommen, habe sich noch korrigieren wollen, doch da sei der Schuß schon heraußen gewesen. Meine Beruhigungstherapie begann mit der Versicherung, daß wir den Hirsch bekommen würden. Er habe einen tödlichen Schuß, wahrscheinlich Leber oder vielleicht weich. Dann redete ich auf ihn ein, und bald ging sein Atem wieder normal. Zwei Zigarettenpausen legte ich noch ein, bevor ich mich zum Anschuß begab und mich einweisen ließ. Das 18,5 Gramm schwere Teilmantelgeschoß hatte ganze Arbeit geleistet, das sah man hier deutlich: Auf den Bubiköpfen lag Leberschweiß, zum Teil sogar Leberbrei, sowohl am Anschuß als auch auf der Fluchtfährte, die ich vorsichtigst bis zum Erlenbestand verfolgte. Dann brach ich ab und ging zum Gast zurück, um zu berichten und mit ihm zu plaudern.

Jetzt konnten wir es uns leisten, etwas lauter zu sein, wenn auch nicht zu laut. Denn so ein Brunfthirsch, der ist ja unheimlich zäh, da darf man sich zu keiner Unbesonnenheit hinreißen lassen. Das wußten wir beide und verhielten uns auch danach. Trotzdem war ich mir sicher, daß der Hirsch lag.

Eine halbe Stunde ließ ich verstreichen, bevor ich den Praktikanten heranrief und ihn die Frau holen ließ. Diese schickte ich zu ihrem Gatten auf die Kanzel, während der Praktikant und ich uns an die Nachsuche machten. Das Zielfernrohr wanderte vom Drilling in den Rucksack, der Schrotlauf wurde mit der Brenneke bestückt, und wir gingen die Fährte vorsichtigst aus, immer vor uns hin spähend. Im Erlenbestand leuchtete von einem Stamm ein handtellergroßer roter Fleck entgegen. Diesen Stamm hatte der Hirsch wohl angeflohen; oder war er da bereits getorkelt? Fünfzig Meter weiter standen wir am Hirsch, einem richtigen alten Recken, einem Urhirsch. Sein rechter Hinterlauf war völlig verkrümmt und mumifiziert. An die fünfzehn, vielleicht auch sechzehn Jahre mochte der Hirsch zählen. Seine Grandeln waren schon ganz klein, völlig zusammengeschliffen.

Den Praktikanten schickte ich nun, die Herrschaften zu holen, während ich die Brüche brach und den Sitz der Kugel genauer untersuchte. Wie vermutet, es war ein reiner Leberschuß. Wenig später kam das Ehepaar herangelaufen, ganz außer Atem. Der liebe Herr Doktor war zu Tränen gerührt, als er den Hirsch sah. Er busselte uns alle ab und war nicht fähig, auch nur ein Wort zu sagen. Wir ließen ihn vorerst mit seinem Hirsch allein. Nach einer Weile trat ich wieder heran und überreichte den Bruch. Zutiefst gerührt nahm er diesen entgegen, wir entboten ihm unser Weidmannsheil, alle freuten wir uns mit ihm. Solche Augenblicke bleiben sicher einem jeden von uns ewig in Erinnerung. Ebenso aber das, was noch folgen sollte und weshalb ich diese Geschichte überhaupt erzähle...

Gemeinsam legten wir den Hirsch für die Rote Arbeit zurecht, was ob der fehlenden Stange gar nicht so einfach war. Endlich lag er, an eine Erle angelehnt und das Geweih unters Haupt geschoben, aufbruchgerecht da. Zur Erklärung muß ich noch sagen, daß ich eine überempfindliche Haut habe, die gegen vieles allergisch ist, besonders aber gegen eine Berührung mit einem Brunftfleck. Bekanntlich vereint dieser ja eine Menge Säfte und Gerüche, die ziemlich scharf sind. Beim Aufbrechen pflege ich mir immer die Ärmel aufzukrempeln, ganz gleich, was sich alte Traditionsritter dabei denken mögen. Das Märchen von wegen einen Hirsch mit weißen Manschetten aufbrechen, ohne diese mit Schweiß zu benetzen, mag glauben, wer will; ich jedenfalls nicht. So schärfe ich beim Brunfthirsch also den für meine Begriffe bestialisch stinkenden Brunftfleck großflächig ab und lege ihn auf die Seite, ganz weit weg. Das tat ich auch diesmal. Der Herr Doktor das sehen, und schon schnappt er sich denselben und zieht Rock und Hemd aus, um sich alles mit ihm einzureiben, sogar das Gesicht! Der Praktikant und ich haben wohl ziemlich deppert dreingeschaut, nur die Frau Gemahlin lächelte. Sie kannte wohl die Gepflogenheiten ihres Mannes. Als der Herr Doktor schließlich unserer Gesichter gewahr wurde, folgte eine Erklärung: „Der Brunftgeruch des Hirsches ist der herrlichste Geruch der Welt für mich, den muß ich voll genießen!“ Da die Herrschaften in Hübners Parkhotel Schönbrunn logierten, fragte ich den Herrn Doktor, wie er es anstellen werde, mit diesem Geruch das Hotelfoyer zu passieren? Es folgte eine deutliche Antwort: „Wissen Sie, Herr Oberförster, dort stinkt es sowieso wie im Puff, da fällt dieser edle Geruch gar nicht auf. Übrigens können mich alle, die es wollen, mal...!“ – Ja, so verschieden können eben Gusto und Ohrfeigen sein.

Ergänzend sei vielleicht noch vermerkt, daß es den Forstpraktikanten bei der Einreibe-Zeremonie dermaßen gereckt hat, daß er kurzfristig verschwinden mußte, um für das kommende Abendessen Platz zu machen. Heute, als schon lange wohlbestallter Oberförster, wird ihm das sicher nicht mehr so unangenehm sein, wie es ihm damals war. Oder, Heinz?

Der Scherbenhirsch

Eine andere Hirschbrunft, fünf Jahre später, also Mitte der Sechzigerjahre. Ich hatte damals alljährlich den Herrn Professor Dr. W. als zahlenden Jagdgast, der mir von erster Stunde an erhalten geblieben ist, als wir nach dem Krieg wieder begonnen haben, Abschüsse auf Rotwild zu vergeben. Er hatte den Abschuß eines jagdbaren Hirsches und den eines geringen Hirsches gebucht, wie ich auf anderen Seiten schon berichtet habe. Der Professor war ein sehr guter Schütze, schoß die altbewährte 8 x 57 IS und nahm sich für die Jagd in der Lobau immer zwei Wochen Zeit in der Brunft. Auch sonst war er ein netter Mensch, allerdings auch ein ausgesprochen reicher Trophäenjäger, der immer nur die „dicken“ Hirsche schießen wollte. Nach und nach gab er aber auch das billiger.

Schon seit einer Woche waren wir hinter einem sehr starken Hirsch her. In der Au ist es insofern sehr schwierig, weil das Brunftrudel meist verschiedene Brunftplätze hat und diese auch oft wechselt. Außerdem spielt sich die Brunft häufig im Bestand ab, und da ist ein Angehen unmöglich. Auf den Ruf stehen nur die Beihirsche zu. Höchstens mit dem Tierruf kann man unter Umständen einen guten Hirsch heranholen, wenn alles paßt. Es bleibt also nur der Ansitz auf dem vermuteten Anwechsel zum Brunftplatz. Viel Sitzfleisch ist da die einzig vielversprechende Strategie, meistens halt.

So saßen wir beide, der Herr Professor und ich, auf einem bequemen Baumsitz in einer alten Schwarzpappel auf der Küniglwiese. Es war ein herrlicher Tag, wir hatten die Sonne im Rücken. Vor uns lag der Küniglmaiß, eine große Dickung mit zwei Seeschlachten – also Schilfgräben mit Wasser – und lauschten gespannt dem beginnenden Brunftkonzert. Da mußte wohl ein Rivale in der Nähe des Platzhirsches sein! Plötzlich hörte das Konzert mit einem Schlag auf. Na ja, das kommt vor. Kurz darauf wurde uns auch die Ursache des Verstummens klar, denn wir vernahmen das Rumoren von Sauen. Schwarzwild war damals in der Lobau noch recht selten, und das Rotwild vertrug sich um die Burg nicht mit den Schwarzkitteln.

„Da wird es wohl nicht viel werden mit dem Hirsch“, meinte der Herr Professor.

Dieser Ansicht wollte ich nicht beipflichten. „Genauso können uns die Sauen das Rudel herausdrücken“, gab ich zurück.

So blieben wir halt sitzen und unterhielten uns leise über dies und jenes. Auf einmal kam es uns vor, als hörten wir das

Anstreichen von Stangen und kaum vernehmbares Brechen. Also fertig machen! Da erschien auch schon ein Junghirsch am Bestandesrand, in voller Pracht mit seinen weißen Enden, die in der Sonne blitzten: ein Eisendzehner vom dritten Haupt. Was für ein herrliches Bild! Während ich den Anblick genoß, wurde der Herr Professor sichtlich unruhig und wollte den Hirsch schießen. Ich wiederum gab ihm den Zehner nicht frei, um den Haupthirsch nicht zu vergrämen. Außerdem sei das bloß ein Hirscherl und damit doch kein Hirsch für ihn, appellierte ich an seine Eitelkeit. Ein Abschußhirsch sei es schon, ja, aber nicht für hier und heute.

Immer wieder drang der Gast in mich, warum ich ihm den Hirsch denn nicht freigebe, es würde doch eh alles passen, und so weiter. Endlich enthob uns der junge Zehner aller weiteren Diskussionen, indem er wendete und wieder in den Bestand zog. Jetzt war der Herr Professor auf mich sichtlich böse, aber da konnte ich ihm nicht helfen.

Zehn Minuten vergingen, dann kam der Hirsch zu meinem Leidwesen wieder. Jetzt wirkte er noch mächtiger, er war nämlich mittlerweile in der Suhle gewesen. Da sah der dunkle Körper mit dem ebenso dunklen Geweih und den nun noch heller blitzenden Enden um so stärker aus. Kurz und gut, die leidige Debatte begann von vorne. Allmählich wurde es mir nun aber zu blöd, und so gab ich dem Gast schließlich den jetzt langsam ziehenden Hirsch frei. Der Schuß brach gleich darauf, der Hirsch zeichnete sehr gut und ging mit tiefen Fluchten in den linker Hand befindlichen Akazienbestand ab. Das Teilmantelrundkopf-Geschoß mit seinen 12,7 Gramm würde sicherlich rasch seine Wirkung getan haben. Ein Zusammenbrechen des Hirsches in den Goldruten hörten wir jedoch nicht. So machte ich mich nach der üblichen Zigarettenlänge auf den Weg zum Anschuß. Alles klar, da war heller Lungenschweiß auf der ganzen Fluchtfährte, bis hin zum Hirsch in den Akazien. Da lag er nun, jetzt natürlich „entkleidet", möchte ich sagen. Ein hundsnormaler, dünnstangiger Eisendzehner vom dritten Haupt, wie in aller Ruhe und Deutlichkeit vorher angesprochen. Mehr war es eben nicht.

Langsam holte ich den Herrn Professor ab, unterwegs einen Bruch von einer Erle brechend, und gab ihm einen kurzen Bericht, ohne auf die Stärke – oder besser: Schwäche – des Hirsches einzugehen. Gemeinsam gingen wir nun zum Wild. Dem Herrn Professor verschlug es schier den Atem. Das sei nicht sein Hirsch, meinte er gekränkt und enttäuscht. Doch bald sah auch er ein, daß es so war.

Dann überreichte ich den Bruch, und der Professor fragte mich geradewegs, was denn dieser Unglückshirsch hier koste. „7.000.– Schilling", gab ich ihm zur Antwort, damals viel Geld. Nach einer genauen Untersuchung des Geweihes blickte der Gast mich an und sagte zwei Sätze, die ich mein Leben lang nicht mehr vergessen werde: „Für so einen Scherben habe ich noch nie so viel Geld bezahlt. Das Geweih brauche ich nicht, das können Sie behalten!" Ende der Durchsage.

Natürlich habe ich das Geweih nicht behalten, sondern es gelegentlich an jemanden, der es zu schätzen wußte, verschenkt.

Ja, des Menschen Wille ist halt sein Königreich...

Der Sündenfall

In derselben Hirschbrunft des Jahres 1965, nur wenige Tage später, spielte mir das Schicksal einen Streich, den schlimmsten jagdlichen, der mir je widerfahren ist.

Damals führten die Wasserwerke gerade gewaltige Baumaßnahmen in der Lobau durch. Das Revier war fast zur Gänze – von einigen kleinen Unterbrechungen abgesehen – der Länge nach von tiefen Gräben, Künetten und ähnlichem durchschnitten. Somit waren denn auch die meisten Einstände des Rotwildes von den Äsungsplätzen, zum Teil auch von den Brunftplätzen abgetrennt. Jagdlich war da nicht viel zu machen, die Brunft war mehr als schlecht, und mein Hirschengast hatte nach zehn Tagen vorzeitig die Jagd aufgegeben. Ich bat meinen Vorgesetzten, keine weiteren Gäste mehr zu schicken, weil es aussichtslos sei.

Der Vorgesetzte – es war nicht mehr jener aus der Zeit des Figl-Bockes – hatte ein Einsehen und gab mir selbst, angesichts der Lage, einen Abschußhirsch frei. Das war damals „nur" ein IIb-Hirsch, der hier in der Au nicht so sehr nach dem Alter, als vielmehr nach dem Geweihgewicht beurteilt und eingestuft wurde. Die Grenze lag bei viereinhalb Kilo. Für einen Jäger des Gebirges sei erklärend gesagt, daß dies nach Lobau-Verhältnissen nicht viel ist. Ein guter Jagdbarer hat hier zwischen neun und elf Kilo. Natürlich schossen wir vom Personal unsere Hirsche an der Untergrenze, in der Regel Achter und Sechser, ab und zu auch einen Spießer oder einen Eissproßzehner, insgesamt meistens Hirsche, deren Geweihgewicht so um die zweieinhalb bis dreieinhalb Kilo lag.

In diesem speziellen Fall, in dem die Latte etwas höher liegen durfte, hatte es mir ein Abschußhirsch besonders angetan, dem wir nun schon zwei Jahre lang nachstellten: ein Wolfssproßzehner, dessen Geweih wahrscheinlich an die fünf, vielleicht auch fünfeinhalb Kilogramm herankam. Dies teilte ich meinem Vorgesetzten mit, und der meinte, wenn ich den Hirsch bekäme, so sei es wohl recht.

Dieser Hirsch nun mochte an die sieben Jahre alt sein und war eine richtige Kämpfernatur. Alljährlich eroberte er sich ein kleines Brunftrudel, verzog sich mit diesem in den Einstand und meldete kaum. Ich kannte ihn schon das dritte Jahr als Wolfssproßzehner mit weiter Auslage und einem für die Au ziemlich geringen Geweihgewicht. Er hatte recht dünne Stangen, wenn auch der Gesamteindruck aufgrund der weiten Auslage ein wesentlich mächtigerer war. Im Wildbret war er stark. Ich schätzte ihn auf um die hundertfünfzig Kilo aufgebrochen ohne Haupt. – Jetzt, Ende September, als die stille Brunft dieses Jahres im Begriff war, sang- und klanglos zu Ende zu gehen, wollte ich mich diesem Hirsch widmen.

Seinen Einstand kannte ich, den Brunftplatz mitten im Einstand auch. Dieser herrliche Fleck in der Au, an welchem der Zehner seine Fährte zog, verdient eine nähere Beschreibung. Der Einstand war um die sogenannte „Materialgrube" herum; hier war alles von Pappeljunghölzern bewachsen, mit starkem Unterwuchs aus Hartriegel, Erle und zum Teil Weißdorn – einer bürstendicke Botanik also. Die „Materialgrube" war beim Bau des Hochwasser-Schutzdammes rund hundert Jahre vorher entstanden. Damals hatte man hier die bindige Oberschicht bis auf den groben Schotter entnommen, weshalb auch jetzt auf diesem Platz nur spärliche, krüppelwüchsige Baum- und Strauchweiden standen, dazu noch ein paar kümmernde Erlen, viele Trockengräser und Schilf. Das Gebiet hatte die Form eines gleichschenkeligen Dreiecks von je dreihundert Meter Seitenlänge, auf der einen Seite begrenzt durch einen nun vom Strom abgeschnittenen Donauarm, der an seinen seichteren Stellen stark verschilft war. Einige große Bombentrichter aus dem Zweiten Weltkrieg waren auf dieser Fläche verteilt und zum Teil mit Baumweiden bestockt.

Rückwärts in einem dieser Bombentrichter suchte ich mir eine Weide aus, die eine Dreiergabel hatte, und in diese Gabel baute ich mir einen Affensitz, hier auch „Partisanensitz" genannt. „Affensitz" hieß es deshalb, weil man wie ein Affe – ohne Leiter – zu ihm hinaufklettern mußte. In die kleine Baumkrone wurde nur ein kurzes und schmales Sitzbrett hineingebaut, eine Stange hinten als Rückenlehne quergelegt, dann noch eine dünne Stange vorn zum Anhalten und Auflegen, und fertig war der Kram. Ich wußte es: Nur hier, auf diesem nachgerade idealen Brunftplatz, konnte ich hoffen, diesen oder einen anderen passenden Hirsch zu bekommen, allerdings auch nur dann, wenn der Wind absolut sicher war. Unweit des Einstandes verlief der Schutzdamm, und dahinter lag das Überschwemmungsgebiet mit seinen saftigen Wiesen. Aus diesen Wiesen zog der Hirsch mit seinen drei Stück Kahlwild in der letzten Dämmerung oder auch schon bei Nacht zur Äsung und zu spätem nächtlichen Brunften. In der Früh, vor dem Tagesanbruch, wechselte das Rudel wieder zurück in den Einstand.

Mein Plan war klar: Am Abend hieß es, am Damm anzusitzen, an einer Stelle, von der man ihn gut einen Kilometer einsehen konnte. Und in der Früh wollte ich zunächst denselben Platz besetzen, um dann später in die Materialgrube auf den Affensitz zu wechseln.

Fast eine Woche hielt ich nun schon meinen Plan durch. Ab und zu sah ich schemenhaft das ganze Rudel, manchmal hörte ich den Hirsch im Einstand schlagen oder sogar treiben. Wenigstens war damit offensichtlich, daß noch ein brunftiges Stück dabei war. Melden tat der Hirsch aber – wie gewohnt – nicht. Ganz selten bloß ließ er einen Trenzer, noch seltener einen kurzen Schrei hören. Endlich gelang es mir an einem Abend, als ich mich gleich in der Grube postiert hatte, das zerrupfte nachbrunftige Schmaltier in Anblick zu bekommen und in später Dämmerung auch den Hirsch. Ein genaues Ansprechen war allerdings nicht mehr möglich, nur die weite Auslage und die weißen Spitzen der Enden waren noch auszumachen.

Am nächsten Morgen saß ich bereits sehr früh wieder dort. Der Hirsch schlug mehrmals linker Hand, trieb auch einige Male kurz, und einmal drang ein Trenzer an mein Ohr. Also da war er jedenfalls! Heute, so beschloß ich in diesen Sekunden, heute würde ich bleiben, bis mir alles einschlief. Die Sitzerei nämlich auf dem schmalen Brett ohne viel Halt war jedes Mal eine Tortur sondergleichen.

Inzwischen war es hell geworden. Das Morgenkonzert der noch zahlreich hiergebliebenen Singvögel wurde allmählich leiser, nur einige sangen ihre Arien weiter in den Tag hinein. Enten paakten im Graben. Als ich schon meinte, es nicht mehr länger auf meinem Sitz aushalten zu können, kam plötzlich Bewegung ins Schilf vor mir, etwa zweihundertfünfzig Meter entfernt. Erst dort, wo das Schilf ein bißchen schütterer stand, konnte ich das Schmaltier erkennen und ansprechen. Es wechselte zum Wasser, durchrann den Graben und zog in die Weißpappeln ein. Jetzt war allerhöchste Alarmbereitschaft gegeben! Doch vorerst tat sich nichts. Dann schlug linker Hand der Hirsch wieder in den Erlen. So versuchte ich es mit dem Mahnen. Noch immer nichts. Also weiter warten, das Gewehr in der rechten Hand, gestochen und gesichert, das Fernglas in der Linken. Aufgeregt und vom Jagdfieber gebeutelt, saß ich da. Endlich hörte ich das Anstreifen der Stangen, das sich Richtung Grube bewegte. Jetzt, jede Sekunde, mußte der Hirsch erscheinen! Doch nein, wieder folgte eine lange Zeit der Stille. Dann aber rauscht es erneut im Schilf, da bewegen sich die Halme, und im nächsten Augenblick sehe ich den Oberteil des Geweihes. Eindeutig Wolfssprossen. Dann kommt der Hirsch ins lichtere Schilf, die Umrisse des Körpers werden sichtbar, oben ganz deutlich das Geweih: weite Auslage, keine Eissprossen, dafür aber die Wolfssprossen. Also, er ist es!

Fernglas weg, beide Hände fassen das Gewehr, an ein Schießen ist aber vorerst nicht zu denken, denn erstens ist es zu weit und zweitens ist Schilf dazwischen. Im Zielfernrohr jedoch muß ich ihn behalten, um eine eventuell sich bietende Gelegenheit sofort nützen zu können. Der Hirsch nimmt inzwischen die Richtung des Schmaltieres, langsam und irgendwie unlustig ziehend. Fast scheint es so, als ob da nichts zu machen sei. Also: Hopp oder tropp. Linke Hand weg vom Gewehr, an die Nase geführt, und ich mahne ihn kräftig an. Er verhofft zu mir her, nochmals angemahnt, und – Hurra! – er wendet und setzt sich auf mich zu in Bewegung. Wenn er noch fünfzig Schritt in meine Richtung macht, wird er frei. Dort steht nur mehr vereinzelt Schilf, sonst hohes Gras. Beide Hände umgreifen nun wieder fest das Gewehr, der Puls schlägt wie wild, leichtes Jagdfieber macht sich bemerkbar. Der Hirsch tanzt im Zielfernrohr, er hüpft auf und ab. Hubertus, sei mir gnädig, hilf zumindest gegen das Jagdfieber! Und tatsächlich: Hubertus half.

Zusehends wurde ich ruhiger, je näher der Hirsch kam. Auf einmal platschte rechts von mir Wasser auf. Oh, du meine Güte! Da kam das Schmaltier zurück, und schon verhoffte der Hirsch hin. Der konnte jetzt mit einer Flucht zum Tier hinstürmen. Dann kehrte er sicher nicht mehr wieder, und die Chance war dahin. Nochmals mahnen ging auch nicht, dazu war er zu nahe und würde sofort mitbekommen, daß da oben im Baum kein Tier sein konnte. Also blieb gar nichts anderes übrig als der Schuß ganz spitz von vorne. Sollte ich, sollte ich nicht? Es war halt verdammt riskant, noch dazu auf so einen Kasten von Hirsch. Großer Gott und alle Heiligen, helft's – und draußen war der Schuß. Der Hirsch bäumte sich auf, wendete auf der Stelle und flüchtete ins Schilf, wo es kurz noch aufrauschte. Dann trat wieder völlige Stille ein.

Mit aller Kraft mußte ich mich jetzt festhalten, sonst wäre ich vom Affensitz gefallen, so beutelte es mich. Mein Atem kam stoßweise, wie nach einem Sprint. Allein die aufregende Episode von vorhin war aber nicht verantwortlich für meine Aufregung. Da spielte noch etwas eine Rolle: Im Aufsteilen des Hirsches hatte ich nämlich im Zielfernrohr erkannt, daß das Geweih stärker war, als ich angenommen hatte, weit stärker. Wenn das nur gutging! Nun klammerte ich mich an die Hoffnung, daß ich gefehlt hatte.

Es war jetzt genau acht Uhr. Seit über vier Stunden saß ich bereits hier heroben, noch dazu ohne Rauchwaren. Ohne jegliche Bewegung lag die Landschaft da. Schon rein körperlich hielt ich es auf meinem Sitz nicht mehr aus. Also kletterte ich vorsichtigst herunter, machte ein paar Schritte zurück zur Böschung und begann dort auf der Stelle einmal mit etwas Bewegungsgymnastik, ab und zu innehaltend und in den Bestand hineinhorchend. Kein Laut. Da gab es nur die berühmten zwei Möglichkeiten: Entweder lag der Hirsch vor dem Bestand im Schilf, oder er war still und heimlich über den Wechsel verschwunden. Auch die stärksten Hirsche können das, trotz ihres Geweihes.

Nach und nach normalisierte sich mein Körper wieder – ein Wunder der vorsichtigen Bewegung. Alles war eingeschlafen gewesen, alle Glieder. Also noch ein wenig hingesetzt. Die Zeit wollte nicht und nicht vergehen, aber irgendwie ist es dann doch halb neun Uhr geworden, mein mir selbst gesetztes Limit war damit erreicht. Schrittweise näherte ich mich dem Anschuß und hoffte, diesen überhaupt zu entdecken. Besondere Anhaltspunkte gab es dort keine, aber irgendwo da mußte es gewesen sein. Nichts, absolut nichts war zu finden. Doch was sollte auch schon viel zu finden sein bei einem solchen Schuß? Kein Ausschuß möglich, keine Schnitthaare, wozu suchte ich überhaupt? Abgesehen davon mußte ich aufpassen, daß ich nichts vertrat, und dazuschauen, daß ich den Hund holte, der beim Fahrrad abgelegt war. Eigentlich hätte dies ja mein erster Weg sein sollen.

Wieder stieg Hoffnung auf, den Hirsch bei der schlechten Auflage und in der Aufregung doch gefehlt zu haben. Gut, also Hund holen! Damals führte ich eine Jagdterrier-Hündin eigener Zucht. Die wurde schließlich am verlängerten Riemen – längst war es keine Wäscheleine mehr – angesetzt. Sofort nahm sie die Fährte auf und zog sicher ins Schilf, dann ein Haken nach links und ... was soll ich sagen...wir standen vorm Hirsch. Im Schilf, vor der Böschung zum Bestand, lag er. Als ich ihn sah, vergaß ich in meinem Schrecken ganz, die Hündin zu loben. Mir wurden die Knie weich, ich setzte mich auf einen der Bubiköpfe und hätte fast begonnen zu weinen. Freude empfand ich in diesem Augenblick jedenfalls überhaupt keine. Und so etwas mußte mir passieren, der ich immer als Prediger auftrat: „Falsches Ansprechen gibt es nicht“, ..., „Da schießt man eben nicht“, und so weiter, und so fort. Daß nämlich dieser Hirsch eindeutig ein Ib-Hirsch war, sah ein Blinder. Im Prinzip stimmte alles, wie ich es angesprochen hatte, bis aufs I-Tüpfelchen, nur eines nicht: die Stärke des Geweihes. Der Hirsch, der da vor mir lag, hatte gut und gern seine sieben Kilo Geweihgewicht oder sogar mehr. (Die sieben Kilo hat er, nebenbei bemerkt, noch heute, über dreißig Jahre später!) Was nun? Ich gebe zu, daß ich damals einen saublöden, beschämenden Gedanken hatte: Eingraben!

Allerdings verwarf ich den schändlichen Gedanken so schnell, wie er gekommen war, und rief mich gehörig zur Ordnung. Für seine Taten und Untaten hat man einzustehen! Da gab es kein Rütteln. Ich schimpfte mich einen Trottel rauf und runter, an den peinlichen Tatsachen aber änderte das nichts mehr. Also lobte ich endlich meine Hündin, die mich schon längst ganz eigenartig anschaute und dann aus lauter Langeweile oder auch Nervosität am Wild zu rupfen begann. Dann verrichtete ich die Rote Arbeit, wusch im Graben den Pansen fürs Hundefutter, gab den Letzten Bissen – und mir keinen Bruch.

Schließlich ging es ab Richtung Heimat. Dort wurde kurz noch gefrühstückt, dann der Nachbarkollege angerufen, der unerwarteterweise sogar zu Hause war. Knapp schilderte ich ihm, was vorgefallen war und fragte ihn, was er vom Eingraben hielte? Er hielt genauso viel wie ich davon. Aber er versprach, am Nachmittag mit einem Fuhrwerk und Arbeitern zu kommen, um den Hirsch zu holen. Zumindest das war damit einmal geregelt. Nun kam aber der weitaus schwierigere Teil: Wie sage ich es meinem Vorgesetzten? Ich rief in seiner Kanzlei an.

Gott sei Dank war er für drei Tage dienstlich verreist. Also bat ich, ihm auszurichten, der stärkere Abschußhirsch sei erlegt, und er möge kommen, ihn zu besichtigen; auch, daß der Hirsch etwas stärker sei, als vorher angesprochen und angenommen. Damit war die Sache vorerst erledigt. Nun war ich schon ein bißchen erleichtert, denn bekanntlich sieht ein ausgekochtes Geweih beim starken Hirsch immer schwächer aus als am Wild. Trotzdem: Das Geweihgewicht würde auch dann noch Bände sprechen.

Wie besprochen, holten wir am Nachmittag den Hirsch. Mein Kollege kam aus dem Staunen gar nicht heraus. Noch dazu, als wir feststellten, daß der Hirsch abgebrunftet immer noch deutlich über hundertfünfzig Kilo netto hatte. Im Anschluß kochte ich das Geweih aus, wog es aber nicht. Ich wollte einfach nicht wissen, wie schwer es war. – Drei Tage später rief dann der Vorgesetzte bei mir an, und ich schilderte kurz das Vorgefallene, ohne irgend etwas zu beschönigen. Er versuchte, mich zu beruhigen und fragte schließlich nach dem Geweihgewicht. Wahrheitsgemäß erwiderte ich, selbiges noch nicht zu wissen. Ja, in ungefähr einer Woche würde er vorbeikommen, meinte er, und damit war das Telefonat beendet.

Die Woche verging, der Vorgesetzte kam. Vor dem an die Wand gelehnten Geweih blieb er abrupt stehen. Wir hatten uns immer sehr gut verstanden, fachlich und auch menschlich. Aber was würde nun folgen? War es nach dieser Geschichte mit dem guten Einvernehmen vorbei? Lange betrachtete er das Geweih und sagte kein Wort. Dann bat er um nochmalige genaue Schilderung des Vorfalles, und ich berichtete der Reihe nach, stets bei der Wahrheit bleibend. Noch immer standen wir vor dem Geweih. Auf einmal sah er mich lächelnd an und fragte, ob ich einen Schnaps hätte. Jetzt war ich wirklich überrascht, wußte ich doch, daß er normalerweise keinen trank.

„Sie haben schon richtig gehört“, meinte er, „gehen wir doch ins Haus und trinken einen Schnaps auf Ihr Weidmannsheil!“

Meine wiederholten Entschuldigungen schien er überhaupt nicht registriert zu haben. Wir tranken unser Schnäpschen, und er meinte, der Hirsch würde wohl seine sechs Kilo haben. Einen besseren werde ich in meinem Leben wohl nicht mehr schießen, und das sei doch ein Grund zum Feiern, oder? Reklame allerdings sollten wir mit dem Hirsch keine machen, denn Neider gebe es viele auf der Welt, und angeblich besonders unter den Grünröcken. Zum Kränken jedenfalls sei hier kein Grund. – So plauderten wir eine Weile, dann leitete er über zu anderen beruflichen Dingen, und, noch immer lächelnd, verabschiedete er sich.

Zwei oder drei Jahre lang habe ich das starke Geweih des Zehners nicht aufgehängt. Es lag auf dem Dachboden. Dann kam der Vorgesetzte wieder einmal in mein Haus und suchte die Trophäe. Ganz verwundert fragte er nach dem Grund, warum sie hier nirgends an der Wand hinge? Also erklärte ich ihm,

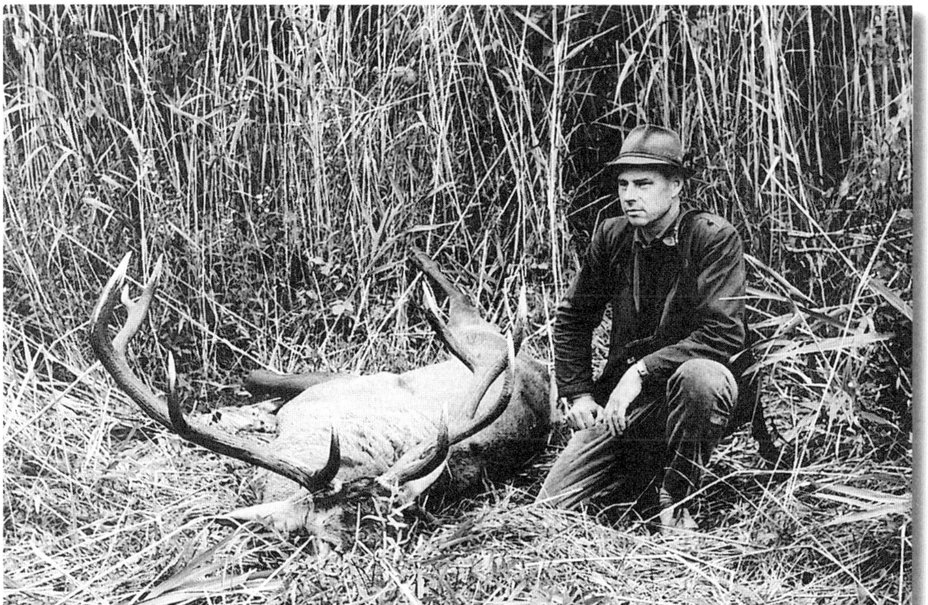

Mächtige Wolfssprossen.
Was tun, wenn der verkehrte Hirsch liegt?

daß ich die ganze Geschichte noch immer nicht verwunden habe und das Geweih lieber nicht täglich sehen wolle. Da lachte er und meinte, die Bet- und Bußzeit sei schon lang vorüber. Jetzt sei es vielmehr an der Zeit, der Sache das Gute abzugewinnen.

„Wenn ich wiederkomme", schloß er, „dann möchte ich den Hirsch da an dieser Ehrenwand hängen sehen. Das sind Sie diesem Hirsch, aber auch mir schuldig!"

So geschah es dann auch, und mit der Zeit reifte auch tiefe und echte Freude. Meinem Vorgesetzten aber werde ich für sein Wohlwollen immer dankbar sein, denn nur so, wie er die Angelegenheit behandelt hat, konnte aus dieser bösen Geschichte eine wirklich gute werden.

Der „Dersoffene"

Im Jahr darauf hatte ich einen anderen zahlenden Jagdgast auf einen schwächeren Hirsch zu führen. Als ein solcher gilt hier ein Hirsch von etwa drei bis sechs Kilo Geweihgewicht – ohne Rücksicht auf das Alter –, der den Vorstellungen des guten Lobau-Hirsches nicht entspricht. Wobei ich am Rande bemerken möchte, daß mir die Bezeichnung „Abschußnehmer" für den zahlenden Jagdgast nie gefallen hat; das klingt so furchtbar kommerziell, so schießerisch, womit es aber vielleicht sogar der geübten Praxis oft recht nahekommt. An echte Jagd wird ein etwas sensiblerer Mensch bei diesem Ausdruck aber nicht mehr denken. Ich weiß, auch der „zahlende Jagdgast" hat einen Beigeschmack. Aber wie sollte man ihn sonst bezeichnen? – Wie auch immer, mit diesem Gast erlegten wir nach einigen Birschen einen reizvollen ungeraden Zwölfer, der auf der einen Seite eine Krone, auf der anderen eine Achtergabel hatte. Die Jagd auf diesen Hirsch war nicht allzu schwierig gewesen, beim Liefern allerdings hatten wir eine gewaltige Nuß zu knacken: Wir mußten eine Lieferschneise von fast hundert Metern durchs Unterholz des Pappel-Altbestandes aushacken und ihn dann mit dem Boot ans andere Ufer bringen. Aber dies nur nebenbei. Der Gast jedenfalls war glücklich und meldete sich gleich fürs kommende Jahr wieder an, diesmal für einen Jagdbaren.

Nach Rücksprache mit der Forstverwaltung und der Generaldirektion der Bundesforste – damals noch Eigentümer des von mir geführten Lobau-Reviers – sagte ich dem Gast fest zu.

In jenen Jahren waren, wie bereits erwähnt, die Wasserwerke höchst aktiv mit ihren Brunnenbauten, es gab grobe Störungen, und wir hatten nervöses Rotwild und schlechte Brunften. Aber einen jagdbaren Hirsch wußte ich dennoch. Allerdings war dieser so schlau, daß er nur anfangs der Brunft meldete, so um den 5. September herum. Dann pflegte er zu verstummen und mit seinem Rudel in den Dickungen zu bleiben.

Seit den letzten Augusttagen war der Hirsch wieder am gewohnten Platz. Er hatte ein Rudel von sieben Stück bei sich. An und für sich also wunderbar, aber die Sache hatte einen großen Haken: Er meldete nur nachts im Überschwemmungsgebiet auf den großen Wiesen. Dazu mußte er zwar den Hubertusdamm queren, machte dies jedoch stets erst oder noch in der Dunkelheit. Einen Hochsitz gab und gibt es auf dem Damm nicht, denn der Damm wird von Ausflüglern stark frequentiert, und so wäre ein Sitz dort in wenigen Tagen von „Naturschützern" oder „Wildfreunden" abmontiert gewesen. Wollte man den Hirsch haben, so mußte man ihn also auf der Dammkrone liegend erwarten.

Für dieses Vorhaben bot sich eine der zahlreichen Dammdeponien an. Das sind Dammverstärkungen durch sandigen Lehm, die alle paar hundert Meter zwischen Dammkrone und dem befahrbaren Weg in der Böschung des Schutzdammes – der Bermenstraße – angelegt sind. Sie sollen im Notfall bei katastrophalen Hochwässern Material bei einem eventuellen Dammbruch liefern, wie es zum Beispiel 1954 der Fall gewesen ist. Die Deponien ragen etwa einen Meter über die Dammkrone hinauf. Von hier aus konnte man somit bei brauchbarer Deckung liegend freihändig schießen. Darüber machte ich mir aber keine Sorgen, denn der Gast war mir als hervorragender Kugelschütze bekannt. Nur sein Kaliber war mir nicht ganz sympathisch: Er führte ein Gewehr in der 7 x 64, und das ist eine Patrone, die hier in der Au oftmals nicht ausreicht – wenig Schweiß, viele Hindernisse bei der Nachsuche, dann die Wasserarme, die dornigen Dickungen, das dichte Unterholz und so weiter. Ein Acht-Millimeter-Kaliber ist mir da wesentlich lieber, auch wenn ich selbst einen Bockdrilling mit der 7 x 57 führe; nur weiß ich auch, wann ich damit schießen kann und wohin. Kurz und gut, auch wenn mir mit dem Kaliber des Gewehres meines Gastes nicht ganz wohl war, ändern konnte ich daran nichts. Später hat er sich ohnehin ein anderes zugelegt, und da gleich mit der Gewaltpatrone 8 x 68.

Der 4. September kam, der Hirsch war bestätigt, der Gast verständigt und gekommen. Mitte August hatte es ein starkes Hochwasser gegeben, das zum Großteil schon wieder abgeflossen war. Nur die tieferen Lagen und die Gräben waren noch voll; das gab in der Früh nach klarer Nacht dann täglich herrlichen Bodennebel. Die Dammkrone lag dabei meist nur in einer Dunstschicht, während der Nebel auf den Wiesen sehr dicht war. Genau darauf baute ich: Durch den dicken Nebel auf den Donauwiesen konnte der Hirsch sich einmal verspäten, und wir sollten damit auf dem Damm eine gute Chance haben.

So lagen wir an diesem Septembermorgen schon lange vor Büchsenlicht in erwähnter Deckung. Der Hirsch meldete gut, die Spannung war groß. Ich wies den Gast auf die Stelle ein, wo ich den Hirsch auf dem Damm erwartete. Dort, so erklärte ich ihm, würde ich den Geweihten anmahnen und zum Stehen bringen. Sobald der Hirsch auftauche, müsse er ihn anvisieren, und wenn er verhoffe und mein leises „Ja“ komme, habe der Schuß zu fallen. „Alles klar“, meinte der Gast.

Der meldende Hirsch kam näher auf den Damm zu, schon hörten wir ein Brechen in den „Kulissen“, wie der fünfzig Meter breite Schutzwald entlang des Dammes genannt wird. Das Rudel war auf dem Wechsel!

Das Büchsenlicht ist bereits da, über der Dammkrone liegt leichter Dunst, in unserem Rücken zieht von Osten der Morgen herauf. Die Spannung wird unerträglich. Jetzt ist wieder alles ruhig, nur unsere Herzen pochen bis in die Schläfen hinauf. Der Atem geht rasch. Da tauchen zuerst die Kronen auf, hundertfünfzig Meter entfernt, dann das halbe Geweih, und dann kommt der massige Wildkörper ganz zum Vorschein. Angesprochen und erkannt habe ich den Hirsch schon, also: „Achtung!“ – Ein kräftiges Mahnen durch die Nase, der Hirsch steht wie aus Erz gegossen, das Haupt zu uns gewandt. „Ja, ... schießen!“ flüstere ich, und da bricht auch schon der Schuß. Der Hirsch dreht auf der Stelle um und verschwindet wieder in Richtung Donauwiesen.

Aus der Kulisse wurde nun starkes Brechen hörbar. Da ging das ganze Rudel hochflüchtig entlang des Dammes zurück. Also aufstehen, ein Zuruf „Umdrehen!“ zum Gast hin, und schon erwartete ich mit fertiger Büchse das Rudel auf dem Rückwechsel. Das Gepolter ging bei uns im Bestand vorbei, auf hundert Meter kam es jetzt schräg und noch immer hochflüchtig auf den Damm; das Kahlwild war vollzählig versammelt – aber kein Hirsch! Banges und gespanntes Warten. Nein, der Hirsch folgte nicht. Hatte er doch einen guten Schuß und war im Bestandesrand zusammengebrochen? Aufmerksam lauschten wir und beobachteten das fragliche Gebiet entlang des Dammes, mit schußfertigen Gewehren. Aber nichts war zu hören, nichts zu sehen. Trotz des ungewöhnlichen Zeichnens stieg bei mir nun langsam doch so etwas wie gute Hoffnung auf. Eigentlich sollte der Hirsch liegen.

Nach und nach wurden wir ruhiger und unterhielten uns im Flüsterton über das Vorgefallene, stets die Augen in der Gegend schweifen lassend. Da gab es mir plötzlich einen Ruck: Oben, auf dem Wechsel, erschien der Hirsch und zog den Damm hinauf. Mir schien, als würde er leicht den Hinterlauf schonen.

„Hinlegen, fertigmachen! Wo er zuerst war, kommt er wieder“, raune ich dem Gast zu, lasse auch mich gleich fallen und erwarte den Hirsch auf der Dammkrone. Inzwischen ist der Nebel völlig aus der Landschaft gewichen, es ist taghell geworden. Und nun erscheint, fast genau auf derselben Stelle wie in der Frühdämmerung, der Hirsch langsam ziehend auf dem Damm. Wieder mahne ich ihn kräftig an, wieder verhofft er, diesmal leicht spitz. Aber der Gast bringt den Schuß nicht hinaus, der Hirsch wechselt im Troll schräg den Damm zur Bermenstraße hinunter.

„Sind Sie drauf?“ frage ich hinüber, und der Gast bejaht.

Also schreie ich den Hirsch an, und wieder bleibt er stehen, knapp vor der Dammstraße. Diesmal kommt der Schuß schnell, der Hirsch zeichnet mit hoher Flucht – mir schien sie fast zu hoch – und überfällt nun in vollem Tempo die Straße, stürmt über die Böschung zum Dammfuß hinunter und verschwindet in der anschließenden Weißpappeldickung. Fragende Blicke treffen mich. Aber es ist schwer, hier die richtige Antwort zu geben: eine Antwort, die weder falsche Hoffnungen weckt, noch vorhandene Hoffnung zerstört. Also meine ich nur ausweichend, wenn, dann müßten wir auf den zweiten Schuß vertrauen, denn der erste sei zu neunundneunzig Prozent danebengegangen. Und im übrigen würden wir zunächst eine Viertelstunde warten, bevor ich mir die Anschüsse ansah. Alles weitere ergebe sich dann schon.

Wer kennt es nicht, dieses bange Warten? Liegt der Hirsch oder liegt er nicht? Hat er die Kugel, und, wenn ja, welche? – Wir unterhielten uns halblaut, gingen alles noch x-mal durch. Der Gast behauptete, auch beim ersten Schuß gut drauf gewesen zu sein. Beim zweiten sei ihm die Sache etwas zu schnell abgelaufen, da könne es ein bißchen tiefer geworden sein. Den letzteren Eindruck hatte ich sowieso auch gehabt. Dann, endlich, war die Viertelstunde um. Ich ließ den Gast zurück und machte mich auf den Weg zum ersten Anschuß.

Wäre mir der Wechsel nicht so genau bekannt gewesen, ich hätte die Stelle nicht gefunden. Anhaltspunkte gibt es ja an solchen Orten keine. Oder nein, das stimmt nicht ganz, denn man sah im taunassen Gras sowohl auf der Böschung als auch auf der Dammkrone die Fährten. Am ersten Anschuß die Ausrisse, sonst nichts. Beim besten Willen nichts. Der zweite Anschuß, die Schrägfährte rund zehn Meter hinter dem Wechsel, am Beginn der Dammstraße zeigte ein wenig Wildbretschweiß, mehr nicht. Jenseits der Straße, wo die Böschung weiter zum Dammfuß hinunter geht, fanden sich einige weitere Tropfen Wildbretschweiß; die Fluchtfährte mit Ausrissen am Schotter der Straße und im Gras der Böschung brachte keine neuen Erkenntnisse.

Wie ich so untersuchend ganz leise da herumsteige, fällt ein Blick in die Dickung hinein, denn es ist mir vorgekommen, als hätte ich ein leichtes Anstreifen von Geweihstangen gehört. Plötzlich stockt mir der Atem. Unter dem Skelett einer abgestorbenen Ulme, wo die Pappelverjüngung erst etwa drei Meter hoch ist, sehe ich die Kronen des Hirsches ganz frei, der untere Teil der Stangen schimmert durch die Blätter und Triebe durch. Dort steht unser Hirsch, eindeutig, er ist es, und er verhofft schon zu mir her! Da gibt es nun nichts zu überlegen, also rasch den Drilling ins Gesicht, das Züngel des Brennekelaufes berührt. Aber wohin schießen, wie steht der Hirsch? Nur ein bißchen Haupt läßt sich durchs Laub ausmachen, mehr nicht. Ich muß einfach darauf vertrauen, daß er aus der Flucht heraus nicht mehr gewendet hat, der Körper sich daher links vom Geweih befindet. Also Mitte Geweih anvisiert, hinuntergefahren, Absehen nach links verrückt, und draußen ist die fliegende Kartoffel.

Nicht einen Millimeter hat sich der Hirsch bewegt. Todesstarre? Unmöglich! Was tun? Noch einmal dasselbe! Wieder zwischen dem Geweih hinunter, aber jetzt nach rechts gefahren, und diesmal verläßt die H-Mantel den Lauf. Nun ist das Geweih fort, schwer bricht der Hirsch von mir weg, durch die Dickung hindurch zum anschließenden Pappeljungbestand; vorher Wasserplatschen, dann einige Knackser, dann Ruhe.

Erst jetzt überfiel mich Schüttelfrost. Es half nichts, ich mußte mich auf die Straßenkante setzen. Was war da bloß los gewesen? Der Hirsch war jedenfalls schwer krank, sonst hätte er anders reagiert. Wenn ihm nicht viel fehlte, wäre er nicht schon am Dickungsrand hinterm Rudel zurückgeblieben. Warum hatte er schließlich den Schuß mit der Brenneke ausgehalten, der da durchs Laub – vermutlich an ihm vorbei – rauschte? Lag er nun, oder hatte er den nächsten tiefen Graben erreicht und war weitergeflüchtet? Alles Fragen, auf die es vorläufig keine Antwort gab.

Der Gast kam auf meine Sichtzeichen heran wie ein abgelegter Hund. Außer Atem, den Mund voller Fragen, dieselben, die ich mir gestellt hatte. Ich mußte ihm Trost zusprechen, wie der Pfarrer bei der letzten Ölung vermutlich einem Sterbenden zuspricht. Was zu tun sei, meinte er schließlich. Nichts, heimgehen, viele Stunden vergehen lassen und mit Hund und sämtlichen verfügbaren Helfern zur Nachsuche wiederkommen, erwiderte ich, alles andere sei Mist. – So zogen wir dahin. Wie zwei nasse, geprügelte Hunde stiegen wir mit hängenden Köpfen ins Auto und fuhren heim.

Der unglückliche Schütze fragte, ob er zur Nachsuche kommen solle? Mir war bekannt, wie schwer er sich aus dem Tagewerk seines Großbetriebes löste. Helfen konnte er mir sowieso nicht, weil er ortsunkundig war. Bei der Riemenarbeit – sofern diese bei dem vielen Wasser überall überhaupt möglich war – würde er auch nur eine Belastung sein. Also riet ich ihm ab. Wir verblieben mit der Zusicherung meinerseits, daß ich ihm sofort Bescheid geben würde, sobald ich mehr wußte, gleichgültig ob positiv oder negativ.

Anschließend telephonierte ich bei den bekannten Jägern herum, die sich halbwegs in der Au auskannten. Es mußten unbedingt sichere Schützen sein und hundertprozentig verläßlich im Ansprechen, was auf Wegen, Schneisen oder kleinen Blößen in der Heißlände in Sekundenschnelle erfolgen muß. Die Zahl jener, die da in Frage kommen, ist sehr klein. Drei Jäger blieben schließlich übrig, alle anderen waren entweder nicht erreichbar oder hatten keine Zeit.

Um zehn Uhr, also fünf Stunden später, begannen wir. Vorher gab es eine kurze

Schilderung der Vorfälle und eine Beschreibung des Hirsches. Ferner äußerte ich die Vermutung, daß es sich um einen tiefen Blattschuß oder hohen Laufschuß handle und forderte dringend auf, nur ja keinen falschen Hirsch zu schießen. Mit einem „Weidmannsheil" verabschiedete ich die Leute. Daß die Stände erst nach Abruf oder Abholung verlassen werden durften, gleichgültig, wie lange es dauerte oder was man hörte, war den erfahrenen Jägern sowieso klar.

Damals hatte ich für die Nachsuchen die Jagdterrier-Hündin Asta. Sie stammte aus eigener Zucht, war eine ungemein führige Hündin, ruhig am Riemen, laut bei der Hatz und scharf wie der Teufel. Asta wurde am Straßenrand abgelegt. In der Dickung suchte ich dann jene Stelle, an der der Hirsch zuletzt gestanden war, und fand sie auch. Abgetropfter Wildbretschweiß lag da, der keine Rückschlüsse erlaubte, ob er rechts- oder linksseitig ausgetreten war, denn der Hirsch war dort herumgetreten. Fluchtfährte war keine zu sehen. Also ging ich zurück zum Hund, legte ihn an den langen Riemen, er saugte sich an der Fährte fest und ging sofort gut im Riemen liegend in jene Richtung, in die ich den Hirsch wegbrechen gehört hatte. Dann aber kam das erste große Hindernis: Wasser, etwa einen halben Meter tief. Vorsorglich hatte ich nur alte Sandalen statt der Gummistiefel angezogen, also war das für mich kein Problem. Mit der Riemenarbeit jedoch war es aus. Da mußte die Halsung runter. Schwimmend suchte die Hündin vor mir bögelnd im Wasser die Fährte. Laut zog sie die Luft ein. Dann kamen wir wieder aufs Trockene. Also wieder die Halsung um, und weiter ging es. Schweiß lag keiner mehr, aber im hohen Bodenbewuchs, bestehend aus Gras, Brombeeren, Goldrute und Glaskraut, war die Fluchtfährte sichtbar, die die Hündin hielt. Durch den mittelalten Pappelbestand führte sie mich durch zum tiefen Graben. An der Böschung am Wechsel fand sich auf einem Schilfhalm abgestreifter Schweiß. Hier war die Riemenarbeit endgültig aus. Dieser Graben wäre nur mehr schwimmend zu queren gewesen. Wie hätte man das mit Nachsuchegewehr, Riemen und so weiter machen sollen? Der Graben war in jenen Tagen rund zwei bis drei Meter tief und fünfzig Meter breit. Auf der drüberen Seite war ein Steilufer, anschließend hohes Schilf, Sträucher und dann ein Kanadapappel-Bestand. Es gab nur eine Möglichkeit: Halsung wieder runter, such weiter verwundt, und ab ging die Post! Meine aber auch, denn ich mußte einen Umweg von jeweils einem Kilometer hin und zurück machen, um drüben fortsetzen zu können. Oder hätte ich die Hündin mitnehmen und drüben den Ausstieg suchen sollen? Aber wer konnte wissen, wohin der Hirsch sich im Wasser gewendet hatte, wo er tatsächlich ausgestiegen war. Drüben war alles verschilft und voller dorniger Sträucher. Außerdem konnte ich mich auf meine Hündin verlassen, die suchte auch ohne Riemen ruhig und langsam. Wenn sich das kranke Stück stellte, so würde sie die Bail halten, auch wenn es Stunden dauerte. Und richtig! Noch bevor ich den Umweg geschafft hatte, hörte ich schon wütenden Standlaut. Vergessen war die Hitze, vergessen waren auch die Gelsen und die trotz Sandalen zerschundenen Füße. Nichts wie hin!

Wer die Au und ihr Wild kennt, der weiß es: daß nämlich das gestellte Wild sehr schwer krank sein muß, um den herankommenden Jäger auszuhalten. Und man muß ja in der Regel auf wenige Meter herankommen. Sauen halten länger, dann stecken sie aber in einem solchen Dschungel, daß man sich auch wieder schwer tut. Eigentlich habe ich damit vorweggenommen, was eintrat: Der Hirsch brach die Bail und flüchtete vor dem lauthals jagenden Hund in Richtung Kanadapappel-Bestand. Dort gab es erneut Standlaut, dann ging die Hatz weiter über eine Heißlände (das sind Schotterböden mit Steppenbuschwald-Charakter), schließlich wieder Standlaut. Und dann hörte man den Hund Richtung Querstraße zum Damm. Dort mußte jetzt und jetzt der erlösende Fangschuß fallen!

Er fiel nicht. Denn aufgrund eines Mißverständnisses stand der Schütze um zweihundert Meter zu weit hinten. Zumindest aber hatte er Hirsch und Hund gesehen, auch, daß der linke Vorderlauf schlenkerte. Der Hund sei ganz knapp am Hirsch gewesen, erzählte er. Wir hörten Asta immer leiser werdend weiterjagen, bis sich der Laut in der Ferne verlor. Der Hirsch stellte sich nicht mehr. Ich lief zum Auto und griff zwei oder drei Kilometer vor, aber auch hier war nichts. Nach einer weiteren Stunde fuhr ich horchend das ganze Revier ab – nichts. Also wieder zu dem einen abgestellten Schützen zurück; auch bei ihm hatte sich in der Zwischenzeit nichts ereignet. Kaum war ich zehn Minuten dort, kam die Hündin daher, total verausgabt und voller Schlamm und Kletten. Ermattet warf sie sich vor meine Füße. Aus der Traum. Die restlichen Schützen wurden eingesammelt und gemeinsam das Gasthaus aufgesucht, denn mittlerweile war es zwei Uhr nachmittags geworden, und Hunger und Durst waren groß. Ich rief den Schützen an und berichtete ihm, ohne etwas zu beschönigen. Stille am anderen Ende der Leitung. Was nun? Ganz einfach: Warten, beobachten, unter Wind mit dem Hund die bekannten „Krankenstuben“ absuchen und hoffen... Mehr ging nicht. – So wurde es dann auch gemacht, aber man fand nichts mehr. Auch mit der Nase nicht.

Sämtliche Nachbarn weit und breit wurden verständigt, nichts kam heraus.

Vielleicht war der Hirsch, wie so mancher unserer starken Hirsche, in seinen Wintereinstand in den Schilfgürtel des Neusiedler Sees gezogen oder gar nach Ungarn? Wir wußten ja, daß es – vor Errichtung der „Eisernen Vorhänge“ – zwei Fernwechsel der starken Hirsche gegeben hatte: einen aus der Slowakei-Mähren über die Kleinen Karpaten bzw. die Preßburger Auen, den anderen aus den Ostkarpaten über die Ungarische Tiefebene und die Donauauen, das Burgenland, den Seewinkel und dann durch die Donau hierher. Kurz und gut, alle Mühe fruchtete nichts, die Suche mußte aufgegeben werden. Auch eine ausgesetzte Prämie half nicht. Für mich gab es dann noch eine etwas unangenehme Sache zu regeln, nämlich die Abschußtaxe zu kassieren. Für angeschweißtes Wild mußte die volle Summe berechnet werden. Meine Einschätzung der Trophäenstärke fiel dann so aus, daß sich der verlangte Betrag mit der vorher erlegten Kaution von damals zwanzigtausend Schilling ausging. Auch mein Vorgesetzter war mit der freundlichen Bemessung einverstanden, der Gast verständig, in Kenntnis der Bedingungen. Damit war die Sache wenigstens in dieser Hinsicht klaglos über die Bühne gegangen.

Soweit der erste Teil der Geschichte.

Die Zeit verrann, es folgte ein schöner Herbst mit viel Sonnenschein und klaren Nächten, mit Reif und Nebel in der Früh. Der Oktober war da. Um diese Jahreszeit nahm ich tagsüber immer meinen Bockdrilling ohne Zielfernrohr mit, wobei in Randgebieten, ohne das Rotwild zu stören, der eine oder andere Hahn, vielleicht auch ein Hase oder einige Enten dran glauben mußten. Der Hund ereiferte sich unglaublich an diesen Einsätzen, und auch mir bereitete dieses Jagen eine Menge Freude. Den Dienst versah ich immer mit dem Fahrrad. Man war in Bewegung, der Hund ebenso, und konnte völlig lautlos das Revier unter Kontrolle behalten. Bei Hochwasser nahm man das Rad auf den Buckel, watete ein Stück und fuhr auf der anderen Seite weiter. – Diese Art, den Dienst zu versehen, hat nur Vorteile. Erlegt man ein Stück Rehwild, so heßt man es, hängt es über die Lenkstange und fährt damit weiter. Auch finde ich es schade, daß das Schießen über Kimme und Korn völlig aus der Mode gekommen ist. Die meisten Gewehre haben nicht einmal mehr eine Kimme, weil diese aufgrund des großen Zielfernrohres nicht unterzubringen ist. Damals hatte ich noch sehr scharfe Augen, so daß der Schuß ohne Zielfernrohr mit der Kugel bis hundert Meter bedenkenlos getan werden konnte. War die Entfernung größer, so mußte man sich eben anbirschen, was ja alles noch viel spannender und reizvoller machte.

Die Monatsmitte des Oktober war bereits knapp überschritten, als ich, vom Ölhafen kommend, die Dammstraße heimradelte. Der verlängerte Altweibersommer lag noch immer über dem Land. Der Hund lief zehn Meter vor dem Rad, sich ab und zu nach mir umschauend. Alle meine Hunde durften und mußten nach abgeschlossener Ausbildung vor mir gehen oder laufen; war ich zu Fuß unterwegs eher knapp vor mir, war ich per Rad etwas weiter. So hatte ich sie stets unter Kontrolle, und vieles zeigten sie mir rechtzeitig an. Hätte ich sie, wie bei den Prüfungen, Kopf an Knie gehen lassen, so wäre das nicht möglich gewesen. Ebenso brachte ich ihnen bei, daß sie auch vom Rad oder geschossenen Wild, wo ich sie ablegte, abgerufen oder abgepfiffen wurden, natürlich nur im Bedarfsfall.

Ich fuhr so dahin und war kurz vor dem Schwarzen Loch angekommen. Da blieb die Hündin mit einem Ruck stehen und starrte aufs Wasser. Das Schwarze Loch ist der tiefste Donauausstand in der Au, entstanden in der späten Mitte des neunzehnten Jahrhunderts beim Bau des Schutzdammes durch einen Dammbruch bei Hochwasser. Da war das Wasser aus der wesentlich höher liegenden und Hochwasser führenden Donau hier in den kleinen Verbindungsarm geschossen und hatte diesen gewaltig ausgehöhlt. Einige Schleppkähne, mit großen Steinen beladen, hatte man in der Bruchstelle versenken müssen, bis es gelang, den Damm wieder abzudichten. So also war das rund einen Hektar große Schwarze Loch entstanden. „Schwarz" hieß es deshalb, weil es durch das tiefe Wasser ganz dunkel wirkte. Mittlerweile ist die Wassertiefe im Lauf der Jahrzehnte durch Verlandungen stark zurückgegangen. Im Zuge der Baudurchführung der Wasserwerke habe ich die Tiefe ausloten lassen: Sie schwankt zwischen fünf und sieben Meter, was für unsere Verhältnisse immer noch sehr tief ist. Soviel also zum Schwarzen Loch, vor dem jetzt die Hündin unbeweglich stand und nach wie vor aufs Wasser starrte, auf eine Stelle, zu der ich nicht hinsehen konnte. Wahrscheinlich schwammen dort Enten, dachte ich.

Langsam fuhr ich zu meiner Hündin, bremste ab und schaute aufs Wasser. Heiliger Hubertus, drüben, knapp vor dem Steilufer, da stand halb im Wasser ein Kapitalhirsch und äugte auf den Hund! Es ist ja eine alte Erfahrung, daß besonders Rot- und Rehwild den Hund unbeirrt anäugt und den daneben befindlichen Jäger oft nicht einmal wahrnimmt oder beachtet. Ein Blick durchs alte Heeresglas, Marke Zeiss 6 x 30, meinem ständigen Tagesbegleiter: Das ist der Langgesuchte, kein Zweifel! Jetzt aber schnell handeln. Runter mit dem Drilling, durchs Brechen gespannt, Visier aufgeklappt, Stoßgebet zum Himmel. Nach alter Marineregel der Schiffsartillerie „Haltepunkt Bug-Wasserlinie" machte ich es umgekehrt, tastete mich entlang der Wasserlinie bis etwa Hochblatt und zog mit dem Finger entschlossen durch. Stechen hatte ich mich nicht mehr getraut. Denn schon beim Spannen waren die beiden Radarschirme – sprich: Lauscher – des Hirsches auf feinsten Empfang gestellt worden.

Der Schuß war draußen, auf die hundert Meter übers Wasser hatte ich ganz gut hineingewackelt. Der Hirsch steilte auf, machte kehrt und war unter Wasser. Noch einmal kam er herauf, versackte aber gleich wieder. Schnell lud ich nach, stach ein und stand im Anschlag da. Das Wasser kochte, Blasen sprudelten, kurz kam eine Krone zum Vorschein, um sogleich wieder zu verschwinden. Schnell machte ich die paar Schritte über die Dammstraße zur Böschung, setzte

Herr und Hund im Revierdienst per Fahrrad.
Vom Wild bekommt man so viel mehr mit als mit dem Auto.
Und auch der Hund schätzt sich glücklich.

mich hin, die Ellbogen auf den Knien aufgestützt, und wartete weiter im Anschlag. Vorher hatte ich noch der Hündin ein scharfes „Platz!“ zugerufen. Asta lag da, den Kopf angehoben, und beide starrten wir, vor Aufregung klappernd, zum drüberen Ufer. Allmählich wurden die Wellen kleiner, die Blasen weniger. So suchte ich mir eine bessere Stelle und sicherte und entstach den Drilling. Das Wasser war jetzt still geworden, die Wellen verflachten immer mehr und erreichten mein Ufer. Im Schilf schimpften Bläßhühner, die auf den Schuß hin aufgestiegenen Enten kamen außer Hörweite, und hinter mir, jenseits der Hafeneinfahrt, schäkerten ein paar Elstern. Sonst war völlige Ruhe. Nur bei uns beiden nicht, dem Hund und mir. Leise Zweifel kamen auf. Ob es wohl der Hirsch gewesen war? Wer jemals in der Au gejagt hat, der weiß, wie sehr sich bei kurzem Ansprechen die starken Hirsche gleichen. Ein Geweih, das nicht ein besonders markantes Merkmal hat, ist da verdammt schwer richtig anzusprechen.

Was, wenn das ein anderer Hirsch war, ein gesunder, bloß ähnlicher? Nein, gesund war der Hirsch auf keinen Fall gewesen, denn der war noch rot, und unsere starken Hirsche sind schon Anfang September, spätestens aber in der Brunft Mitte September grau, höchstens noch graubraun – ein auffälliges Merkmal der Karpatenhirsche und der Pannonischen Hirsche. Trotzdem, Zweifel blieben. Wenn das wirklich ein anderer Hirsch war, dann war es aus mit mir. Und so etwas wie Frühpension gab es damals noch nicht; außerdem wäre ich dafür sowieso viel zu jung gewesen. Eine Strafversetzung war noch das Gnädigste, was mir im Fall des Falles blühte.

Alles blieb weiterhin ruhig, und genau das hielt ich nicht länger aus. Was tun? Sollte ich nach Hause fahren und Hilfe holen? Ich verwarf den Gedanken. Das war zu riskant. Wer wußte, wohin das Wasser mittlerweile den Hirsch trieb. Die Holzhauer holen, die etwa zwei Kilometer entfernt in der Durchforstung arbeiteten? Auch zu riskant, aus denselben Gründen. Blieb eigentlich nur eines: Auf ins Vergnügen, ins kühle Naß! – Ich nahm Fahrrad und Hund und benützte den durchs Gebüsch führenden Fischersteig am Ostufer, soweit es mit dem Gefährt ging. Dort legte ich Hund, Rad, Drilling und Kleidung ab. Schon jetzt, bevor ich im Wasser war, klapperten mir die Zähne. Mehr als zehn Grad hatte es sicher nicht. Da bahnte sich eine Schocktherapie an, an der Vater Kneipp seine Freude gehabt hätte.

Am Flachufer ging ich bis zum Schilfgraben, das Wasser reichte mir bis zu den Oberschenkeln. Entlang des Schilfes war kein Weiterkommen mehr, das stach und schnitt zu sehr. Also hinein ins tiefe Wasser! Aber was macht man nicht alles in seinem jugendlichen Leichtsinn. Bis jetzt war es ja noch einigermaßen gegangen, aber sich weiter ins kalte Naß zu versenken, kostete Überwindung. Schließlich war ich bis zur Brust drin, bekam kaum Luft mehr. Weitergehen war nicht mehr möglich. Es war zu tief. Also schwimmen. „Jawohl, Befehl ausgeführt, schwimmen“, antwortete ich mir selbst. Ein Hochgenuß. So, da irgendwo mußte es sein, die Stelle, an der die letzten Blasen zu sehen gewesen waren. Also senkrecht stehend die Schwimmbewegungen durchgezogen, dabei langsam mit den Beinen tretend das Wasser abgesucht. Halt, da war das Geweih, eine Krone! Gefunden war der Hirsch somit einmal. Wie aber weiter? Es half nichts, ich mußte nach Bubenart mit den Füßen voran tauchen, fühlen, mit der linken Hand die Stange unter der Krone greifen und versuchen, samt dem Hirsch wieder nach oben zu kommen. Das Unternehmen gelang, sogar leichter, als ich gedacht hatte. Der Hirsch mußte noch viel Luft in der Lunge haben und Gase im Pansen.

Ob ich ihn schwimmend im Wasser ziehen konnte? Ja, es ging! Nur mit den Füßen mußte ich vorsichtig treten, die Enden des Geweihes waren sehr spitz. So kam ich, mich mit einer Hand und den Beinen fortbewegend, mit der anderen das Geweih haltend, auf Raten mit mehrmaligem Handwechsel in die Nähe des Flachufers. Endlich spürte ich schlammigen Grund unter den Füßen, und bald schon zog ich im Wasser gehend den Hirsch endgültig an Land, was immer schwerer wurde, je mehr dieser auf festem Grund schleifte. Trotz Anstrengung und Aufregung war mir inzwischen saukalt. Wenn ich an mir hinunterblickte, konnte ich längst nicht mehr sagen, ob Manderl oder Weiberl!

Also noch einmal kräftig angezogen, sich selbst mit einer Hand am Ast eines Hartriegels verankernd, und das Haupt lag frei auf dem Ufer. Nun setzte ich mich kurz hin, um Luft zu holen. Doch die Unruhe trieb mich gleich wieder auf. Welcher Lauf war das geschwind gewesen? Richtig, der linke! Doch genau der war unter dem Hirsch. Also nochmals ins Wasser, den Hirsch gedreht, was nach einigen Ansätzen auch gelang. Ein riesiger Stein fiel in diesem Augenblick ins Wasser, nämlich der vom Herzen! Hoch am Vorderlauf befand sich eine deutliche Verdickung. Schnell betastet, ja, Kallusbildung! Vor Freude schrie ich auf wie ein skalpierter Indianer, denn Jodeln kann ich nicht, singen auch nicht. Schreien geht aber, einfach schreien; nun rufe ich auch die Hündin, die kommt im vollsten Karacho herangehechelt und „stellt“ nun lauthals den Hirsch. Da sehe ich, daß die linke Seite des Wildes ziemlich kahl ist. Das konnte doch nicht vom Schleppen über Grund stammen, oder?

Na, wie auch immer, wenn der Hirsch ganz aus dem Wasser war, mußte ich ihn genau untersuchen. Jetzt aber, da wollte ich nur so schnell wie möglich trocken werden und Kleider anziehen. Also beruhigte ich den Hund, legte ihn wieder beim Rad ab und lief hinaus und hinauf zum Damm. Dort rannte ich, wild um mich schlagend, auf und ab, um warm und trocken zu werden. Doch hier wartete die nächste Überraschung auf mich. Denn wie ich so dahinhüpfte, hörte ich plötzlich rechts unter mir, wo ein anderer Weg verlief, schrilles Frauengeschrei. Es ging durch Mark und Bein, wie das Klagen eines Kitzes klang es etwa. Da lagen zwei nicht mehr führende Altgeißen mit ineinander verkeilten Fahrrädern auf dem Weg und brüllten, was das Zeug hielt. Meine Beruhigungsversuche schlugen – was Wunder! – ins Gegenteil um. Nun machten die beiden kehrt und gaben Fersengeld, wie von Furien gehetzt. Ich hingegen setzte mich hin und mußte laut loslachen. Denn jetzt erst wurde mir klar, daß mich die Frauen im Adamskostüm daherhetzend erblickt hatten und sofort an Mord, Totschlag oder Vergewaltigung gedacht hatten. All das war hier in der Gegend ja schon mehrfach vorgekommen. Stellen Sie sich das bloß einmal vor: Da kommt Ihnen als friedlich dahinradelnder Frau ein wild gestikulierender Wüstling entgegen, und das mitten in der Lobau! Im Nachhinein war mir das ganze Gezeter mehr als verständlich.

Endlich, nachdem ich mich von meinem Lachkrampf erholt hatte, kehrte ich warmgelaufen zu Hund, Fahrrad, Kleidern und Hirsch zurück. War das ein herrliches Gefühl, wieder trocken und vollständig bekleidet zu sein, fast wie in der Sauna nach dem Kaltwasserbecken. Ich sicherte den Hirsch, indem ich ihn mit einem Waldrebenstrunk an einem Strauch anband. Dann suchte ich die Holzhauer auf. Ganz ungläubig schauten sie mich an, als ich ihnen sagte, daß sie mir beim Hirschliefern aus dem Schwarzen Loch helfen sollten. Als wir schließlich den Hirsch geborgen hatten, wartete eine weitere Überraschung auf mich. Die eingehende Untersuchung der fast kahlen Stelle auf der Decke ergab, daß hier alles voll ausgeheilter Splitter von meiner Fangschuß-Kugel war. Diese Splitter hatten den Hirsch natürlich gewaltig gejuckt und waren ständig mit dem Lecker bearbeitet worden. Und außerdem fiel mir beim Umstülpen des Pansens ein tennisballgroßer „Gamsknödel" entgegen. Durch das Ablecken der Decke waren die Nadeln – die Haare – in den Pansen gelangt, waren dort verblieben und hatten sich, da unverdaulich, durch die Peristaltik nach und nach zu diesem Knödel ausgewachsen. Ein schönes Andenken an diese abenteuerliche Geschichte würde das sein, dachte ich. Ja, einen Schmarren! Denn beim Herumtreten oder Ziehen oder wobei auch immer ging der Hirschknödel verloren und blieb trotz sorgfältiger Suche verschwunden.

Als ich zu Hause ankam, wurde natürlich sogleich der unglückliche Jagdgast angerufen. Doch der war, so richtete man mir aus, bei einem Arbeitsessen mit wichtigen Persönlichkeiten. „Persönlichkeiten hin oder her", sagte ich zu der Sekretärin, die ich im übrigen ganz gut kannte, „holen Sie ihn mir ans Telephon, sonst passiert was! Ich übernehme alle Verantwortung". Gleich darauf hatte ich ihn in der Leitung. Vor Freude sprachlos, nahm der Gast den Kurzbericht entgegen und wollte schnurstracks herkommen. Ich vertröstete ihn aber auf den Nachmittag: bis dahin sei der Hirsch beim Forsthaus gestreckt.

Was soll ich noch viel sagen? Der Vierzehnender mit der Fünferkrone hatte weit über acht Kilo Geweihgewicht; er war und blieb lange Zeit der beste Hirsch, den dieser gute Mann in seinem Leben gestreckt hat.

Der Vierzehner war stark abgekommen, wog aufgebrochen ohne Haupt nur noch hundertfünfzehn Kilo. Wäre er gleich zur Strecke gekommen, so hätte ihm auf die hundertneunzig Kilo sicher nichts gefehlt. Der erste Schuß jenes verhängnisvollen Morgens hatte den rechten Hinterlauf oberhalb des Geäfters zwischen Knochen und Sehne durchschlagen, dabei die Sehne geritzt. Der zweite Schuß war ganz tief durch den Brustkorb gegangen und hatte nachher den Laufknochen getroffen. Da sich beim H-Mantel-Geschoß der Geschoßboden nicht zerlegt, gibt es meist einen sehr kleinen, nur kalibergroßen Ausschuß, der kaum Schweiß liefert. Mein durch die Pappeljugend hindurch ins Ungewisse abgegebener versuchter Fangschuß hatte sich bereits vor dem Auftreffen auf den Wildkörper zerlegt, und lediglich die Splitter hatten das Wild nach System „Gießkanne“ beglückt. Viel weiter als durch die Decke sind die Splitter dabei nicht gekommen.

Ende gut, alles gut – nun war bis auf die Leiden des Hirsches bei allen alles eitel Wonne: Bei Vater Staat, weil er den Rest der Abschußtaxe kassieren konnte; bei mir, weil die offene Geschichte einen Abschluß gefunden und ich mir keine Lungenentzündung geholt hatte; und beim Schützen – ja, der schwebte sowieso über allen Wolken...

Der Eiserne Gustav – die Geschichte eines Keilers

Etwa zur selben Zeit ging die Geschichte eines sagenhaften Keilers zu Ende, des stärksten Keilers, der hier je seine Fährte gezogen hat. Begonnen aber hatte alles schon ein paar Jahre vorher, Anfang der Sechzigerjahre.

Damals fing das Schwarzwild an, ziemlich regelmäßig die Lobau zu besuchen. Unter anderem konnte ich eines Tages einen hochkapitalen Keiler fährten. Trittsiegel, Schrank und Schrittweite waren wie von einem alten Hirsch. Auf rund hundertfünfzig Kilogramm schätzte ich das Gewicht dieses Kämpen. Nur ab und zu stand seine Fährte im Revier, sehr sporadisch, aber eindeutig zu erkennen. Gesichtet wurde er äußerst selten, und wenn, dann natürlich nicht von einem Jäger oder Forstmann. Einmal erschraken Kulturfrauen, wenn aus einem Waldrebennest knapp vor ihnen ein schwarzes Ungetüm wegstürmte, dann wieder kam er mit einem Forstarbeiter in „Berührung“, hin und wieder sogar mit einem Ausflügler. Irgendwann hat es doch noch „Gefechtsberührungen“ mit ihm gegeben, aber stets ohne Schaden für den Keiler. Er schien unverwundbar, und so taufte ich ihn auf den Namen „Eiserner Gustav“.

Einige Jahre ging das nun schon so dahin, als auch ich ihn eines ruhigen Novembervormittages unvermutet in Anblick bekam. Mit Rad und Hund war ich gerade auf dem Weg zur Küniglwiese. Der Weg ist dort rund sechs Meter breit, links stehen Altpappeln mit viel Unterholz aus Weißdorn, Hartriegel und Liguster, rechts sind Akazien und Birken mit mannshohen Goldruten dicht unterwachsen. Leise radelte ich dahin, um eventuell auf der Wiese stehendes Wild nicht zu vergrämen. Plötzlich hörte ich von links ein sich rasch näherndes Brechen im Altbestand, das immer stärker wurde. Ich dachte an ein Rudel Kahlwild, das sich vielleicht vor einem im Einstand herumkriechenden falschen Naturfreund in Sicherheit brachte und bremste ab. Bevor ich noch den Fuß am Boden hatte, „überflog“ – treffender kann man es nicht ausdrücken – mit zwei Fluchten ein Bösendorfer Klavier den Weg und verschwand geräuschvoll in den Goldruten. War das ein Anblick!

Kurze Zeit später berichtete mir ein Stromarbeiter ganz aufgeregt von einem Erlebnis, das er in der Früh gehabt hatte: Kurz nach dem Tagwerden war er auf dem Damm mit seinem Moped zur Sammelstelle beim Rettungshaus gefahren, als er einen Seitenblick nach unten in den tiefen Graben warf. Dort stand – durfte das wahr sein!? – zwischen Schilf und Bubiköpfen eine schwarze Kuh! Aber Kühe, die gab es hier doch gar nicht, und schon recht keine schwarzen! Quietschend brachte er sein Gefährt zum Stehen. Nun warf die Kuh kurz auf und war mit Riesenfluchten in der angrenzenden Dickung verschwunden. Zu Tode erschrocken fragte sich der gute Mann nun, ob es denn so große Sauen gebe? Oder konnte das ein Bär gewesen sein? Kurz zuvor war damals nämlich in der Zeitung von Begegnungen mit Bären in den Karawanken berichtet worden. Ich beruhigte den Arbeiter. Bär sei es sicher keiner gewesen, schon eher ein „Saubär“. Der aber sei ganz gewiß völlig ungefährlich, und er könne ohne Bedenken auch in Zukunft die Dammstraße benutzen.

Das nächste Zusammentreffen mit dem legendären Keiler hatte ein Jagdgast im Nachbarrevier, der in der Nacht bei etwas Schnee auf Sauen angesessen war. Am Rande des leicht verschilften, mit Bubiköpfen durchsetzten Geierhaufengrabens war eine Kanzel mit guter Sicht in diesen. Mehrere stark angenommene Wechsel gingen hier quer durch, weiter hinten lag eine Suhle. Die Rauschzeit war eigentlich noch nicht im Gange, aber es gab inzwischen in der Lobau schon recht viel Schwarzwild, und so saß der Jagdgast guter Hoffnung da und hing seinen Gedanken nach, wie man es eben bei solch erholsamen Ansitzen gerne tut. Er war warm angezogen, die Nacht schön und ruhig. Plötzlich riß es den friedlichen Jäger gehörig: Ganz deutlich war da ein kurz anhaltendes Gequieke und Gegrunze zu hören gewesen!

Gespannt wie ein Regenschirm harrte er nun der Dinge, die da kommen sollten. Sie kamen bald. Eine starke Bache mit fünf oder sechs ebenfalls starken Frischlingen tummelte sich in dem Graben in den Bubiköpfen, mit den üblichen dazugehörenden Geräuschen, die eine solche Rotte zu verursachen pflegt. Die Nerven des Jagdgastes beruhigten sich wieder, und inzwischen wartete er nur noch, daß einer der Frischlinge zwischen den Bubiköpfen frei würde und sich breitstellte. So kam es dann auch. Der Mann war ein sicherer Schütze, und der Frischling lag im Feuer. Der Rest der Rotte verschwand.

Eine Zeitlang behielt der Jagdgast noch das liegende Stück im Zielfernrohr, um sicherzugehen, daß es kein Krellschuß gewesen war. Dann setzte er ab, stellte das Gewehr in die Ecke und wartete. Es wäre ja nicht das erste Mal, daß eine Rotte nochmals erschien! Aber sie tat ihm den Gefallen nicht, und so packte er sein Zeug, stieg ab und näherte sich dem auf gut hundertfünfzig Meter Entfernung liegenden Frischling. Je näher er kam, um so größer wurden seine Augen und auch der Frischling. Seine Freude aber, die wurde immer kleiner. Er stand vor einem Überläufer mit achtzig Kilo! In der Sekunde war ihm klar geworden, daß er *die* Gelegenheit gehabt hatte, den Eisernen Gustav zu erlegen. Denn die vermeintliche Bache war nichts anderes gewesen, als der kapitale Keiler, und der Rest der Rotte waren Überläufer, unter denen sich einige Bachen befunden hatten! Am liebsten hätte sich der unglückliche Jäger jetzt in den A...llerwertesten gebissen! Doch was half es? Solche Gelegenheiten kommen nicht wieder, und so besann sich der Jagdgast und freute sich schließlich doch wieder an seinem Überläufer und am guten Schuß.

Die letzte Begegnung mit dem Keiler fand ein Jahr später, im Frühjahr, statt. In einer der angrenzenden Jagden hatte sich ein Jäger auf den Schnepfenstrich in die dortige kleine Au begeben. Zeitig kam er auf seinem Platz an, richtete sich alles schön her, lud die Flinte, hängte sie sich um, genoß die Frühlingsstimmung und verlor sich in seinen Gedanken. Plötzlich hörte er aus dem lichten Unterholz ein leichtes Brechen. Es dämmerte zwar schon ein wenig, trotzdem war das Licht noch gut, und so lugte er noch in das Unterholz hinein – und erstarrte alsbald zur Salzsäule. Was er da sah, verschlug ihm den Atem. Da brach eine starke Sau, keine dreißig Meter vor ihm, ganz ungeniert nach Gewürm und Wurzelwerk! Als ob es keine Jäger gäbe, die ihr gefährlich werden konnten! Schließlich begann bei unserm Jägersmann doch wieder das Blut in den Adern zu fließen, und der Kopf wurde klarer. Er hatte doch in seiner Rocktasche auch Brenneke mit! Also vorsichtig die Flinte von der Schulter genommen, Schrotpatronen raus, Flintenlaufgeschoß hinein. Der Keiler brach genüßlich weiter. Als er ziemlich frei und breit stand, ließ der Mann den Bleibatzen fliegen – und hatte allen Grund zum Jubeln! Ohne einen Muckser fiel die Sau einfach um und rührte sich nicht mehr. Schnell lief er hin und betastete überglücklich den Keiler. Herrschaftsseiten, was der für Waffen hatte! Nun dämmerte ihm aber, daß er allein nicht in der Lage war, den Keiler aufzubrechen. Außerdem hatte er nur sein Taschenmesser mit, und das würde ja wohl bei solchem Wild nicht für die Rote Arbeit reichen. Also noch ein langer Blick auf das vor ihm liegende Wild, und dann ging's ab ins Dorf. Wo sonst, als im Gasthaus sollte er Hilfe finden? Dort saßen ja ganz gerne seine Jagdkameraden beim Schnapsen.

Als er im Gasthaus ankam, glaubte ihm zunächst keiner seine Geschichte. Endlich ließen sie sich doch überzeugen, jetzt mußten aber vorher noch volle Gläser her, es wurde Weidmannsheil getrunken, noch fehlende Kameraden wurden angerufen, und immer wieder mußte er berichten. Und trinken. Irgendwann war es dann schließlich so weit, ein Traktor samt Anhänger kam, und die inzwischen auf eine stattliche und fröhliche Jägerrunde angewachsene Jagdgesellschaft fuhr los, um den Keiler zu holen.

Tiefe Nacht war es geworden, als sie am Tatort eintrafen. Doch, oh Schreck, es war kein Keiler mehr da! Erbost fiel man zunächst über den Unglücksraben her, weil man an einen unwürdigen Aprilscherz dachte. Doch der schwor Stock und Bein, er habe hier, genau an dieser Stelle, die Sau erlegt. Die nähere Untersuchung im Licht der Taschenlampe bestätigte den Schützen. Es war unübersehbar, daß der Keiler an diesem Platz gelegen war. Vor dem Hochkommen hatte er das Laub durcheinandergewirbelt und die Erde aufgewühlt, bevor er sich empfohlen hatte. Mit langen Gesichtern suchte man weiter, ohne Ergebnis. Auch der nächste Tag, auf den sich die Suche ausdehnte, brachte den erhofften Erfolg nicht mehr. Der Keiler mußte unter der Einwirkung der „Bleibatzen-Narkose" zunächst blitzartig zusammengebrochen sein, hatte daher auch nicht geschlegelt, und war erst lange Zeit später geflüchtet, nachdem er sich von dem „Hammer" erholt hatte. Ich glaube, daß er am Haupt getroffen worden ist, wobei das Geschoß nicht eingedrungen ist.

Der gute Jägersmann hat in der nächsten Zeit in der Grünen Gilde vermutlich einen schweren Stand gehabt. Aber es hätte auch schlimmer kommen können. Man stelle sich bloß vor, er hätte begonnen, den Keiler aufzubrechen! Das hätte sich wohl der Keiler nicht bieten lassen und wäre wahrscheinlich sozusagen unter dem Messer flüchtig geworden. Ob das beim Schützen ohne Infarkt oder Schlaganfall abgegangen wäre? Wie dem auch sei, vom Eisernen Gustav hörten und sahen wir danach nichts mehr. Sein auffälliges Trittsiegel stand von dieser Stunde an nie wieder in der Au.

Im Herbst dieses Jahres wurde uns berichtet, daß im Weinviertel, so an die fünfundzwanzig Kilometer entfernt, ein unwahrscheinlich starker Keiler mit 180 Kilo Gewicht und 26 Zentimeter Waffenlänge erlegt worden sei. Ob das nun unser Eiserner Gustav war oder ein anderer kapitaler Basse, wird sich mit Sicherheit nie feststellen lassen. Ich halte es für sehr wahrscheinlich, daß er es doch gewesen ist...

Eine verhexte Nachsuche

Ein paar Jahre später, um 1970, hat es eine Nachsuche auf einen Hirsch gegeben, die ein weiteres Mal bildhaft vor Augen führt, wie schwierig das Jagen in der Au werden kann, wenn einmal nicht alles glatt geht. Ja, mitunter können da derart widrige Umstände auftreten, daß man geneigt ist, an Hexen zu glauben; einem Glauben, der dem, der viel gejagt hat, wahrscheinlich nicht ganz fremd sein wird.

Damals machte ich im Spätherbst per Rad gerade eine Morgenbirsch. Auf dem Heimweg durch die Elberschütt, wo sich auch ein zwanzig Hektar großer Acker befindet, sah ich im frisch hergerichteten Ackerteil eine Rotwild-Fluchtfährte quer über den Ackerspitz. Meine Hunde samt Rad abgelegt, untersuchte ich die Fährte und mußte erstaunt feststellen, daß sie zu einem offensichtlich vorderlaufkranken Hirsch gehörte. So nahm ich die beiden Hunde mit zur Straße in Richtung Nachbarrevier, denn nur von dort konnte der Hirsch gekommen sein und mußte sie also auch gequert haben. Bald verwiesen die Hunde einzelne Schweißtropfen. Fürs erste wußte ich nun genug und fuhr heim.

Da standen sie schon mit hängenden Köpfen, die Nachbarn. Kurzer Bericht ihrerseits: Gestern abends war ein geringer Hirsch beschossen worden, hatte gut gezeichnet und war flüchtig in Richtung Elberschütt zu uns abgegangen. Die Nachsuche am Morgen hatte nichts Genaues zutage gefördert; Schweiß war wohl vorhanden, wurde aber immer weniger. Da wir stets eine ausgesprochen gute Nachbarschaft hatten, war es für mich selbstverständlich, zu helfen. Es gab nur ein Problem: Ich hatte einen wichtigen Termin, den ich weder verschieben noch an jemand anders delegieren konnte. Zunächst erzählte ich den Nachbarjägern aber von meiner Beobachtung am Ackerspitz, wobei der Schütze anfangs gar nicht glauben wollte, daß es nur ein Laufschuß sei. „Na ja, vielleicht ist wirklich der Brustkern mit dabei, mehr aber sicher nicht“, gestand ich ihm zu. Dennoch, ich glaubte zu wissen, wo der Hirsch jetzt war: in der Elberschütt; dort saß er entweder im Akazienbestand oder in den Strauchgruppen unter den Schwarzpappelhorsten im Wundbett. Mit einigen Vorstellern war dieses Stück ohne viel Schwierigkeiten zu bekommen. Was wir aber unbedingt brauchten, war ein guter Hund. Mein Berufskollege, Oberförster Köhler in Eckartsau, führte damals eine Rauhhaar-Dackeline, die in ihrem Leben unzählige erfolgreiche Nachsuchen absolviert hat. Die Frage war nur, ob wir Oberförster Köhler erreichten und ob er Zeit hatte.

Wir erreichten ihn, und er hatte Zeit. Er versprach, mit seiner „Erle von Hummelshausen“ – so hieß die deutsche Dackeline –

gegen zehn Uhr hier zu sein. Zu diesem Zeitpunkt mußte ich allerdings schon unterwegs sein, und so gab ich nur meine Direktiven und Ratschläge, wo man wen vorstellen bzw. auf einen Hochsitz plazieren sollte. Ohne auch nur eine Sekunde am erfolgreichen Ausgang dieser Nachsuche zu zweifeln, fuhr ich ab.

Abends, nach meiner Rückkehr, wurde mir dann folgende abenteuerliche Geschichte berichtet:

Der Hirsch war wie von mir vermutet in den Strauchgruppen ins Wundbett gegangen. Er war aber früh hochgeworden. Die Hündin wurde am langen Riemen laut. Der Hirsch ging flüchtig in Richtung Elberschüttwasser – die ehemals, vor der Regulierung schiffbare Donau – ab. Na wunderbar, da mußte er dem H. kommen, der dort auf einem Baumsitz in einer über das Wasser geneigten Weide ansaß! Doch kein Schuß fiel. Man hörte den Hirsch das Wasser annehmen, auf der anderen Seite geräuschvoll aussteigen, und noch immer brach kein Schuß. Jetzt mußte der Hirsch durch die Bubiköpfe entweder zum Schritthaufen oder zum Brunftschotter durch. Noch immer kein Schuß. Die Hündin blieb lauthals auf der Fährte; der Führer und sein Begleiter folgten, bloß um festzustellen, welchen Wechsel der Hirsch genommen hatte. – Verdutzt schaut H. von seinem Sitz herunter, als die Zweimann-Nachsuchemannschaft bei ihm angekommen ist. Nein, bei ihm sei kein Hirsch vorbeigezogen oder -geflüchtet, behauptet er stocksteif. Aber er muß einsehen, daß jede Debatte hier sinnlos ist: die frische Fluchtfährte in der Böschung, das aufgewühlte Wasser und zu allem Überfluß noch findet sich am Schilf abgestreifter Schweiß! Jetzt aber beginnen die wirklichen Schwierigkeiten. So zum Beispiel stellt sich die Frage: Wie sollte man hier trockenen Fußes übers Wasser kommen?

Nirgends! Die einzige Möglichkeit war, einen kilometerlangen Umweg zu machen. Dort wurde der Abflußgraben vom Lausgrundwasser durchwatet, was wohl gelang, aber die Stiefel waren hernach voll vom köstlichen Naß. Aber das spielte jetzt keine Rolle, nur hin zum Ausstieg! Bald war die Hündin wieder in voller Aktion, saugte sich an der Fährte fest, und dahin ging es über die steile Böschung zum Schritthaufen; dieser ist bei normalem Wasserstand allerdings eine Insel. Nur in der südwestlichen Ecke kann man dort halbwegs heran, wenn das Wasser nicht zu hoch ist.

Kurzum, der Hirsch bricht in den übermannshohen Goldruten des Akazienbestandes vor der Nachsuchemannschaft weg, wieder geht er durchs Wasser, diesmal in Richtung Hanselgrund. Also erneut einen Umweg machen und drüben Fortsetzung, nachdem sich die Dackeline wieder ins Zeug gelegt hat. Jetzt führt der Weg durch eine mehr als dornige Schotterlände in einen Erlenbestand, wo man hofft, dem Hirsch den Fangschuß antragen zu können. Nachdem die dornige Partie mit Ach und Krach gemeistert ist, geht es nun wohl wieder zügig voran. Die Dackeline wird wieder am Riemen laut, der Hirsch bricht nicht weg, so wird sie also geschnallt. Bald hat sie das Stück gestellt, aber der Hirsch bricht die Bail bei Annäherung des Jägers aus der Nachsuchemannschaft. Nun geht die Hatz nach links, zur Versuchswiese.

Na, besser konnte es gar nicht sein, denn dort saß auf einer Kanzel der F. Vorher aber stellte die Hündin nochmals im stark verschilften Wassergraben, der zwischen dem Erlengraben und der Versuchswiese liegt. Doch auch hier mußte wieder ein Umweg gemacht und eine Furtstelle gesucht werden. Bei Annäherung der Jäger ans Wild spielte es wieder dasselbe Lied: Der Hirsch brach die Bail und flüchtete zur Wiese hin. Und jetzt, ja jetzt hörten die beiden Nachsucher, daß der Hund auf der Wiese stellte! Aber kein Schuß fiel. Was war da bloß los? Es war zum Verzweifeln!

Noch bevor die beiden die Böschung zur Wiese überwunden hatten, ging die Hatz weiter. Dann nochmaliges Stellen auf der Wiese, wieder kein Fangschuß. Als sie endlich den Wiesenrand erreicht hatten, sahen sie gerade noch Hirsch und Hund im angrenzenden Weißpappelbestand verschwinden. Dieser Bestand stockte auf einem Schotterboden, war daher schlechtwüchsig und lückig, dafür aber auf den etwas freieren kleinen Blößen voller Dornsträuchern, Erlenhorsten und Schilfgruppen. Auf einer dieser kleinen Blößen stellte sich der Hirsch zum Glück und wehrte den Winzling von Hund ab. Ein Blick der Nachsuchenden zur Kanzel: Da saß F., brav im Anschlag. Für irgendwelche Fragen war jetzt aber keine Zeit. Auf Art der alten Indianer birschte man sich an den Hirsch heran. Der erlösende Fangschuß fiel. Ende gut, alles gut. – In der Au kann es ja nur zu leicht passieren, daß man ein Stück Schalenwild mit reinem Laufschuß überhaupt nicht bekommt, weil es das Stück nicht aushält, auf wenige Meter angebirscht zu werden. Und auf wenige Meter muß man fast immer heran, in dem dichten Bewuchs. Dieser Hirsch aber hatte einen hohen Laufschuß, bei dem der Brustkern mit angekratzt worden war. Deshalb war er schon ziemlich krank, und so konnte die Nachsuche mit Dianas Hilfe doch noch erfolgreich abgeschlossen werden. Nun aber zu den beiden „verhexten" Jägern, die sich vorgestellt hatten:

H. hatte gemächlich den Baumsitz in der Weide am Elberschüttwasser bestiegen, hatte es sich dort gemütlich und bequem gemacht. Zunächst legte er seinen Mannlicher über Rückenlehne und Brüstung, stieß irgendwie am Gewehr an, und der Stutzen rutschte schön langsam ab. Gottlob fiel er unten nur auf die weichen Weidenäste, kippte aber dabei um, bohrte sich mit dem Lauf in den Uferschlamm und fiel ins Wasser. Der gute H. kletterte etwas konsterniert vom Sitz, zog Schuhe und Socken aus, krempelte die Hose auf und barg das Gewehr. Sodann suchte und fand er einen Schilfhalm, der in den Lauf paßte, befreite diesen von Schlamm und Wasser, blies ihn ein paar Mal durch und stieg zurück auf den Hochsitz. Unter größter Vorsicht machte er es sich jetzt erneut bequem, lehnte sich schön am Stamm an, streckte seine bloßen Füße aus und ließ sich die warme Spätherbstsonne auf sein Bäuchlein scheinen. Nach der Sache mit dem Gewehr traten die Hexen nun wieder in Aktion und ließen den lieben H., der zudem durch einen vorabendlichen Heurigenbesuch geschwächt war, sanft entschlummern. Erst das Hundegeläute und die Stimmen der beiden herannahenden Jäger weckten ihn. Da war aber vom Hirsch schon längst nichts mehr zu sehen oder zu hören. Folglich konnte er reinsten Gewissens behaupten, keinen Hirsch gesehen zu haben. Zu diesem Zeitpunkt war ihm noch nicht einmal zu Bewußtsein gekommen, daß er geschlafen hatte!

Beim guten Herrn F. war die Sachlage eine andere. Herr F. führte einen Mauser. Als nun der Hirsch, lange vorher durch den Hundelaut angekündigt, auf der Wiese erschien, war F. sofort schußfertig, stach ein, visierte den Hirsch scharf an und drückte im passenden Moment ab. „Klacks“, machte es. Das wiederum mochte der Hirsch nicht und brach die Bail. Also durchrepetiert, eingestochen, gut abgekommen, wieder nur „Klacks“. Verdammt, schon der zweite Versager! Die ganze Geschichte ein drittes Mal durchgespielt, mit aufs Haar genau demselben Ergebnis. Dann waren Hirsch und Hund im Bestand verschwunden. – Die Kanzel hatte einen festen Boden und Wände, so daß F. alle drei Patronen fand und einsteckte. Nach erfolgtem Fangschuß stieß er zu den beiden anderen Jägern und berichtete von dem verhexten Gewehr. Oberförster Köhler, ein erfahrener Jäger, ließ sich die Patronen zeigen; sie waren nicht angeschlagen! Der nächste Untersuchungsgegenstand war das Gewehr, das F. schon seit Jahren führte. Da fand sich schnell des Rätsels Lösung. Der Mauser hatte eine zweite, zusätzliche Kolbenhals-Schiebesicherung. Diese war eine reine Abzugssicherung, bewirkte also keine Verschlußsperre, wie die Flügel- oder auch die heutige seitliche Schiebesicherung. So konnte man also das gesicherte Gewehr durchladen, aber nicht abfeuern. In der Aufregung hatte der gute Mann einfach komplett auf die zweite Sicherung vergessen. Die laufenden „Versager“ waren die zwangsläufige Folge. An und für sich ist eine solche zusätzliche Schiebesicherung eine durchaus vernünftige Sache, denn das Umlegen des Sicherungsflügels ist nicht immer leicht und ohne Geräusch zu bewältigen. Daher bietet es sich an, auf dem Hochsitz die Flügelsicherung mit beiden Händen auf „Feuer“ zu stellen und die Schiebesicherung erst im Bedarfsfall lautlos zu lösen. Aber: Denken muß man halt daran.

Nun, wenn man diese Geschichte vor seinem geistigen Auge Revue passieren läßt, dann sage einer, daß da keine Hexen am Werk waren! Noch heute, wenn die Rede auf diese Nachsuche kommt, müssen alle Beteiligten darüber lachen, je nach Betroffenheit vielleicht auch nur lächeln. Sicherlich auch H., der schon längst in den Ewigen Jagdgründen jagt, wo es hoffentlich keine Hexen gibt.

Lehre Nummer eins aus dieser Geschichte: Wenn man zu müde ist, dann bleibe man lieber gleich im Bett, anstatt zur Jagd zu gehen, schon gar nicht zu einer Nachsuche. Denn als angestellter Schütze darf man nicht einnicken oder überhaupt fest einschlafen. Da ist es besser, der Suche fernzubleiben.

Lehre Nummer zwei: Wer ein Gewehr führt, der hat mit seiner Waffe aus dem Effeff vertraut zu sein, gleichgültig, ob dieses frisch erworben oder schon lange im Besitzstand ist.

Aber wir wollen nicht zu streng sein. Denn menschliches Versagen ist ja nie auszuschließen, und das macht nicht nur die Jagd bisweilen unfreiwillig spannend, sondern auch das Leben. So wollen wir über die beiden Unglücksraben nicht den Stab brechen, noch dazu, wo am Ende alles gut ausgegangen ist. Trotzdem: Dieses Ende hätte schon nach zwanzig Minuten da sein können, wenn nicht ... ja, wenn nicht die Hexen in der Elberschütt gehext hätten.

Die Strafe Gottes

Drei oder vier Jahre später, um 1970, zu Ausklang der Hirschbrunft in den letzten Septembertagen, gab es wieder eine Nachsuche, die alle Stücke spielte und mir daher erzählenswert erscheint. Zwei Tage hat sie gedauert, und zwei Hunde waren im Einsatz, bis der Hirsch zur Strecke war.

Wie gesagt, die Brunft war so gut wie vorüber. Wochenlang hatten Trockenheit und Hitze geherrscht. Alles war krachdürr. Eine Stimmung, wie in den Hühnertagen bester alter Prägung. Ich hatte einen schon etwas älteren Gast zugewiesen bekommen. Er sollte einen besseren Abschußhirsch erlegen, in damaliger Bezeichnung so ein Mittelding zwischen Ib und IIb. Über sechs Kilo Geweihgewicht sollte der Hirsch nicht haben. Zufällig kannte ich einen solchen, einen ungeraden Zehner vom fünften Haupt. Gut fünf Kilo Geweihgewicht mochte dieser Hirsch haben, und er trug nur einseitig eine kleine Krone. Nur: Wo sollte ich ihn jetzt, da die Brunft im Auslaufen war, suchen? War er schon wieder in seinem alten Einstand? Oder trieb er sich vielleicht noch auf den verlassenen Brunftplätzen herum? – Der Zufall kam mir zu Hilfe. Ich entdeckte ihn eines frühen Morgens in der Nähe seines gewohnten Einstandes. Also den Gast sofort herbestellt, und abends saßen wir bereits auf der Surlackenboden-Kanzel, im Knie des Götengrabens am Rande der Wasserleitung, die hier fast zwanzig Meter breit war und die Einstände durchschnitt. Außer einer Geiß mit zwei Kitzen bekamen wir aber an diesem Abend nichts in Anblick.

Der nächste Morgen sah uns schon lange vor Tagwerden wieder hier der Dinge harren, die da kommen sollten. Sie kamen knapp vor dem Büchsenlicht in Form von drei Stück Kahlwild mit einem vielleicht achtjährigen Hirsch. Das kleine Rudel zog über die Wasserleitung zum Graben, das Wild äste dort und wechselte in die anschließende Pappeljugend ein. Inzwischen war es taghell geworden, ein herrlicher, kühler und klarer Morgen bahnte sich seinen Weg. Plötzlich rechts von uns ein leichtes Brechen, dann Stangenanstreifen.

„Fertigmachen! Und wenn der Hirsch kommt, anvisieren und warten, bis ich angesprochen habe“, flüsterte ich.

Aber nun rührte sich nichts mehr, völlige Stille trat ein. Der Gast setzte das Gewehr ab. Dann jedoch stand wie ein Geist ein Hirsch etwas weiter vorne am Bestandesrand. Jawohl, das war der Gesuchte! Nur setzte er sich sogleich wieder in Bewegung und zog halbspitz von uns weg über die Wasserleitung.

„Ziel fassen und warten, bis er verhofft, wenn ich ihn anmahne“, trieb ich den Gast an.

Gesagt, getan, der Hirsch blieb – weiterhin halbspitz – stehen, drehte sein Haupt in unsere Richtung und äugte her. Er hatte schon fast den drüberen Rand erreicht, war keine zwei Meter mehr von der Dickung entfernt. Also die Kugel bei den letzten Rippen angetragen, dann würde es passen...

Der Schuß brach, der Hirsch steilte auf und wendete auf der Hinterhand, wie ein Lippizaner bei der Levade. Im Troll ging er auf der eigenen Fährte zurück.

„Rasch, noch einmal schießen!“ forderte ich den Gast auf.

Dieser aber schaute mich bloß ganz erstaunt an: „Wozu denn? Der Hirsch hat doch einen guten Schuß!“

Für lange Debatten war jetzt keine Zeit. Also sprang ich auf, riß den in der Ecke stehenden Drilling hoch und warf einen Schuß nur so gefühlsmäßig auf den bereits im Bestand verschwindenden Hirsch. Kurzes, sich entfernendes Brechen, dann war Ruhe in der Au. Der Gast meinte, jetzt sei der Hirsch zusammengebrochen. Warum ich denn so wild dreinschaue? Zunächst gab ich ihm keine Antwort. Ich mußte mich erst einmal „derfangen“.

Dann teilte ich ihm aber doch meine Überzeugung mit: „Der Hirsch hat entweder einen tiefen Weichschuß oder gar einen Kurzwildbretschuß!“

„Ausgeschlossen, ich habe die Kugel so weit hinterm Blatt angetragen, wie es notwendig war, und dort sitzt sie auch!“

Von wegen! Der Gast führte die 7 Millimeter Remington Magnum, da hätte die Kugel den Hirsch richtiggehend umwerfen müssen. Zumindest aber hätte er ganz anders zeichnen sollen, und er wäre mit einer Flucht im Dickicht verschwunden. Auf der Stelle gewendet hätte der Hirsch mit einem solchen Schuß sicher nicht. Der Schütze beharrte jedoch auf seiner Meinung: Keine Frage, der Hirsch liege.

Nach zwanzig Minuten stieg ich ab und ging zum Anschuß, der hier auf den Zentimeter genau festzustellen war. Trotzdem ließ ich mich vom Gast einweisen, allerdings auf eine Stelle, an der der Hirsch sicher *nicht* gewesen war – und dachte mir meinen Teil. Die Ausrisse im Rasen waren deutlich zu sehen, aber kein Schweiß, kein Schnitthaar oder sonstwas. Die Rückfährte ließ sich im taunassen Gras deutlich verfolgen. Aber auch dort war nichts zu finden. Erst auf dem Wechsel, im Bestand, lagen einige Tropfen dunkler Wildbretschweiß. Zehn Meter weiter, auf einem umgeworfenen, stark vermoderten Baumstamm, leuchtete mir wieder Schweiß entgegen. Dort hörte ich auf, ging zurück, zeigte dem Gast alles, der nun schon lange nicht mehr so zuversichtlich dreinschaute.

„Was nun?“ meinte er.

„Nichts“, sagte ich, „wir gehen zurück auf den Hochsitz“.

Dort ließen wir uns den Rücken von der inzwischen aufgegangenen Sonne wärmen und horchten. Aber die Au blieb still, und so gingen wir nach einer Stunde heim. Den Gast schickte ich auf die rund fünfzig Kilometer weite Fahrt nach Hause und versprach, Nachricht zu geben, sobald ich mehr wußte.

Das roch nach einer verflixten Angelegenheit. Daß es eine sehr schwere Nachsuche abgeben würde, war mir schon jetzt klar. Zu schwer für meine beiden Wachtelhunde, die noch im ersten Behang standen. Beide hatten zwar die Vollgebrauchsprüfung hinter sich, aber diese Sache hier schien mir zu riskant, wenn auch die Hündin schon drei kurze Totsuchen ohne Schweiß gemeistert hatte. Die einzige Rettung, die mir einfiel, war ein weiteres Mal Oberförster Köhler in Eckartsau mit seiner Rauhhaar-Dackeline „Erle von Hummelshausen“. Erst kürzlich hatte sie wieder eine Großtat vollbracht: Ein laufkrankes Tier war von ihr x-mal gestellt worden; dann war das Tier durch die Donau in Richtung Hainburg/Deutsch-Altenburg geronnen, die kleine Dackeldame war nachgeschwommen, weit abgetrieben wieder ausgestiegen, hatte die Krankfährte erneut aufgenommen, um bald darauf das Wild das nächste Mal zu stellen. Nun mußten die Nachsuchenden erst eine Zille besorgen, zu diesem Zweck das Auto zu Hilfe nehmen, und bis das alles arrangiert war, hatte das Tier abermals die Donau – diesmal retour – durchronnen. „Erle“ schwamm hintennach, hetzte wieder, und endlich hatte man den Fangschuß anbringen können. Eine unglaubliche Leistung für den kleinen Hund, schon allein, wenn man bedenkt, daß die Donau dort an die dreihundert Meter breit ist und stark fließt.

Bis acht Uhr mußte ich aber noch warten, da Oberförster Köhler noch kein Telephon hatte und die Forstverwaltung halt erst um diese Zeit aufmachte. Mein ehemaliger Praktikant, inzwischen in Eckartsau Kanzleiförster und heute seit Jahren auch schon ein gestellter Oberförster, versprach, alles zu unternehmen, um seines Vorgesetzten habhaft zu werden. Der befinde sich nämlich längst im Revier, wußte er zu berichten, aber keiner wisse, wo. Banges Warten, bis gegen zehn Uhr. Nein, noch habe man ihn nicht ausfindig gemacht, hieß es erneut. Und ob er überhaupt Zeit habe, sei auch mehr als fraglich. Was also tun?

Schweren Herzens entschloß ich mich nun doch, mit meiner jungen Hündin „Pora vom Pürschhaus“ zumindest so weit mit der Nachsuche anzufangen, bis ich Näheres über die Schußverletzung wußte. Nach sechs Stunden Stehzeit begann ich also am langen Riemen. Die Hündin legte sich gut hinein, es ging ruhig dahin, sie verbesserte sich bögelnd immer wieder, und ab und zu fanden wir abgetropften Wildbretschweiß. Nach einer halben Stunde kamen wir nach den dornigen Böden in einen Pappeljungmaiß, der an die drei Meter hoch war und entsprechend dick. Hin und wieder lag eine winzige Blöße darin, meist mit Goldruten und Hartriegel bewachsen. Plötzlich wurde die Hündin ungestüm, drängte im Riemen hängend voran und wurde laut. Da hörte ich auch schon kurz vor uns Wild wegbrechen, Stangenschlag sagte mir deutlich, daß es sich um einen Hirsch handelte. War es unser Hirsch?

Zunächst beruhigte ich die Hündin, was länger dauerte. Dann ging es am Riemen weiter, und schließlich stand ich bei einer kleinen Blöße von höchstens zehn Quadratmeter, wo sich niedergewalzte Goldruten und sage und schreibe vier Wundbetten fanden. Nun wurde alles genauestens untersucht. Der Hirsch mußte gewaltige Schmerzen haben, wenn er sich derart oft umbettete. In den Wundbetten lag dunkler Wildbretschweiß, nach Lage des Wildkörpers saß der Schuß, wie vermutet, ganz tief hinten, möglicherweise im Schlögel und Kurzwildbret. Jetzt mußte ich weitermachen, bis mir klar war, wohin der kranke Hirsch geflüchtet war. Mit viel Lob und beruhigenden Worten stärkte ich die Hündin, und dann setzten wir die Riemenarbeit fort. Diese arbeitete nun stürmischer, aber immer noch kontrollierbar. Schweiß war aber keiner mehr zu finden. Bald waren wir auf einem Hauptwechsel, der durch einen trockenen, stark verschilften Graben führte. Hier fand sich wieder einmal ein wenig des nur mehr ganz selten abgestreiften Schweißes. Zumindest wußte ich damit, daß die Hündin die Krankfährte hielt. Zehn Minuten später kamen wir zu einem Schotterweg, der quer zur Fluchtrichtung verlief. Dort lachte mein Herz wieder, denn auf einem faustgroßen Kieselstein leuchtete mir ein roter Tropfen entgegen. So, jetzt war der Punkt erreicht, an dem es vorläufig hieß, Schluß zu machen!

Völlig verschwitzt, zerrissen und ermattet ging ich zurück zum Fahrrad, nachdem ich alles noch verbrochen hatte. Die Hündin durfte ins Wasser, das für mich leider zu schlammig war. Dann fuhren wir heim. Es war kurz vor Mittag. Ein sofortiger Anruf bei der Forstverwaltung: „Leider, noch immer nicht...“, hieß es – bitter, aber nicht zu ändern. Gut, eine starke Stunde wollte ich noch warten; war bis dann die ersehnte Hilfe nicht da, würde ich die Arbeit mit meinen Junghunden alleine fortsetzen. Der Rüde wurde dabei gewöhnlich von dem mir zugeteilten Förster Hubert an der kurzen Leine mitgeführt. Noch ein paar Telephonate in der Umgebung bei den mir bekannten ortskundigen und im Ansprechen und Schießen sicheren Jägern, und ich hatte wenigstens fünf weitere Leute für die Nachsuche zur Verfügung.

Der Herrgott schien es gut mit uns zu meinen. Kurz vor dem Aufbruch fiel mir nämlich ein riesengroßer Stein vom Herzen: Oberförster Köhler traf mit seiner Dackeldame ein! Bald darauf zogen wir frischen Mutes in zwei Gruppen los. Jeder bekam seine Anweisungen, der Hirsch wurde genau beschrieben und der Hinweis auf die vermutete Schußverletzung gegeben. Die zu beziehenden Hochsitze wurden erläutert, und ab ging es in die Lobau.

Oberförster Köhler und ich suchten den verbrochenen Einwechsel auf, und „Erle" kam an den langen Riemen. Sofort nahm sie die Fährte auf und führte uns durch einen Kanadapappel-Jungbestand, der stark mit Weißerlen unterwachsen war. Vor dem angrenzenden Altbestand machte sie einen scharfen Haken nach rechts. Bisher hatten wir keinen Schweiß gefunden. Dann querten wir die Wasserleitung, die hier als Wildwiese diente und kamen in einen zwanzigjährigen Kanadapappel-Bestand, der fast unterholzfrei war, nur der Boden war dicht mit Glaskraut bedeckt. Im Glaskraut sah man deutlich, daß hier ein Stück Rotwild durchgezogen war. „Erle" verwies hier endlich abgestreiften Schweiß! Nun ging es weiter zum Götengraben, der an dieser Stelle hufeisenförmig verläuft, teilweise Wasser führt und außerdem einige durch schwere Bombentrichter aus dem Zweiten Weltkrieg entstandene Suhlen aufweist. Ich hoffte, daß der Hirsch hier Kühlung gesucht hatte und vielleicht schon verendet war. Nichts dergleichen! Er war an der Suhle vorbeigezogen in den anschließenden Sandhaufen-Bestand, einem Weißpappel-Stangenholz, nach Osten hin immer stärker mit Weißdorn und Hartriegel unterwachsen. Zahlreiche Bombentrichter finden sich auch hier, die besonders für die Junghirsche eine große Attraktion darstellen: Da drin und an den Rändern wird gescherzt, manchmal gibt es ein Hin-und-Her-Geschiebe, und weithin ist das Aufeinanderschlagen von Stangen zu hören. Wir kamen bis zu einem dieser Trichter, stießen noch auf einen Tropfen Schweiß auf einem dürren Pappelblatt; dann wußte die Hündin nicht mehr weiter. Der Trichter war völlig zertrampelt. Staubiger Sand lag in dicken Schichten auf dem Boden. Überall krachende Dürre, und in der Luft hing Brunftgeruch.

Trotz mehrmaligem Einkreisen fand die Hündin dort nicht mehr heraus. Nachdem sie aber gesundes Wild nicht jagte, empfahl ich Oberförster Köhler, den Sandhaufenspitz frei suchend durchzugehen, während ich an Ort und Stelle warten wollte, bis er wiederkam. Er zog mit seiner Dackeline – ohne

Halsung – ab. Ich blieb den narrischen Gelsen als willkommenes Opfer zurück und lud meinen „Bretterbohrer", das Nachsuchegewehr: einen grob umgearbeiteten 98er, geladen mit angefeilter Vollmantelmunition, die sich nicht gleich auf dem ersten Hartriegel oder Schilf zerlegt. Nach längerer Zeit hörte ich zartes Brechen. Entsichern und am nächsten Stamm anlehnen waren eins. Auf dem ehemaligen Abfuhrweg, der inzwischen vollkommen verwachsen ist, kam ein Hirsch an mir vorbeigezogen. Ansprechen konnte ich ihn aber nicht, denn das hohe Unkraut verdeckte den Wildkörper bis zu den Schultern, und das Haupt war durch die Weißdornkronen verdeckt. In der Bewegung schien das Stück normal, kein schonender Lauf war erkennbar. Erst als der Hirsch um einen Trichterrand herumzog, erkannte ich, daß er den einen Hinterlauf sehr vorsichtig aufsetzte. Für einen Fangschuß war es aber zu diesem Zeitpunkt bereits zu spät.

Aus der Ferne hörte ich nun das Hundegeläut näherkommen. Gleich darauf war das Aufspritzen des Wassers im Götengraben zu vernehmen: Offenbar hatte der Hirsch diesen angenommen und durchronnen. Dann noch ein leises Brechen im Schilf am anderen Ufer, und aus. Also lief ich dem Hund entgegen und fing ihn ab. Fürs erste war es das wohl gewesen. Wie aber weiter?

Zunächst kam die Hündin wieder an die Leine, wurde zum Wasser geführt und hineingelassen. Dann gingen wir zurück zur Fährte, erreichten am langen Riemen den an dieser Stelle Wasser führenden Graben, sahen den Einstieg des Hirsches ins Wasser, weil es aufgewühlt war. Auf der anderen Seite, bei einer Krüppelweide, mußte der Ausstieg sein.

Da hieß es wieder einmal einen ziemlichen Umweg machen. Als dieser geschafft war, fanden wir zur Bestätigung etwas wäßrigen Schweiß, abgestreift auf einem Schilfstengel. Vor uns lag nun die Materialgrube, die mit ihrem Gestrüpp und Gras und hohen Schilf ein beliebter Krankeneinstand war: viel Deckung, viel Ruhe und Wasser in der Nähe. Auch in der Brunft liebte das Rotwild diesen Platz. Jetzt mußte die Hündin geschnallt werden, damit sie den Hirsch stellte. Eine Weile warteten wir, als auch schon der Standlaut der Hündin ertönte. Natürlich drang dieser aus dem dichtesten Teil der Grube an unser Ohr. Also nichts wie hin, hoffentlich hielt die Bail lange genug! Die Hoffnung erfüllte sich nicht. Die Hatz entfernte sich in Richtung Langer Grund, einem stark unterwachsenen Eschen-Altbestand. Von dort ging es weiter zum Rettungshausmaiß – auch dort hielt die Bail nicht –, dann weiter in Richtung Eschenboden und Lettenhaufen. Hier mußte der Hirsch aber über die an dieser Stelle breite Straße und die anschließende Erdgasleitung, wo ein Schütze postiert war. Wir, die wir die ganze Zeit dem Hirsch gefolgt waren, harrten völlig außer Atem sehnsüchtigst des Fangschusses. Doch das Geläut ging weiter, ohne daß ein Schuß gefallen wäre. Himmel

Herrgott Sakra, warum hatte der Kerl nicht geschossen?!

Die Hatz verlor sich in der Ferne, und wir erreichten die Straße. Ein Blick zum Hochsitz: Kein Mensch saß dort, ja nicht einmal in der Nähe war jemand. Ganz weit vor uns, im Eschenboden, glaubten wir nun Standlaut zu hören. Also nach, hin zur Bail! Unterwegs passierten wir den Eschenbodensitz. Dort, auf dem falschen Sitz also, saß unser Unglücksrabe von Schütze! Ein Mißverständnis war es halt, da konnte man jetzt nichts mehr machen. Ich sagte ihm, er solle gleich sitzen bleiben, während wir weiterstürmten. – Zum Eschenboden kamen wir zu spät, folgten der Hatz zum Fuchsenboden, dann wieder zurück in den Eschenboden. Spätestens da wurde es uns langsam aber sicher klar: So war es sinnlos. So würden wir nie an den Hirsch herankommen. Also Programmänderung.

Ich gab Oberförster Köhler meine Neun-Millimeter-Pistole, da er keine Waffe bei sich hatte, ersuchte ihn, eine Weile stehenzubleiben und dann die Bail anzugehen, und lief zum hier ansitzenden Schützen zurück. Der wiederum hatte in der Nähe sein Auto abgestellt. Dieses nahm ich nun und raste mehr als einen Kilometer zum Gänshaufen vor, denn dort mußte der Hirsch aller Voraussicht nach durchkommen. Ich verließ den Wagen und hetzte zu Fuß weiter zur Grabenkante, wo zwei Hauptwechsel durchlaufen, einer im Graben, der andere über die Wasserleitung in Richtung Brunnen des Grundwasserwerkes Lobau. Ganz außer Atem kam ich dort an und hörte alsbald – sehr schwach, aber immer näherkommend – das Hundegeläut. Gottlob, jetzt würde ich den Hirsch gleich haben! Vor mir streifte ziehendes Rotwild am Jungholz an, um fünfzig Meter entfernt nach links zu wenden und wegzuziehen. Zwei oder drei Stück Kahlwild waren das gewesen, so vermutete ich nach den Geräuschen. – Aber nun näherte sich das Geläut immer mehr, genau auf mich zu. Und dann war plötzlich der Hund da! Schnell wurde er abgefangen und auf den Arm genommen. Teufel noch einmal, da mußte der Hirsch offensichtlich schon hier durchgekommen sein, bevor ich da war!

Den Hund auf dem Arm untersuchte ich den Wechsel auf der anderen Seite. Die Dackeline wurde ganz wild und wollte sofort weiter.

„Es geht nicht, Kerlchen, heute jedenfalls nicht mehr“, versuchte ich, sie zu beruhigen.

Und siehe da, wie zur Bestätigung, fand ich auf einem Weißpappelblatt noch einen Tropfen abgestreiften Schweiß.

Für diesen Tag aber mußte Schluß sein. Der Abend würde bald hereinbrechen, und der Hirsch war im Nachbarrevier, das zwar noch zu meinem Aufgabenbereich gehörte, jedoch von jemand anderem gepachtet war. Letzteres hätte nicht viel ausgemacht, aber bis alle Schützen eingesammelt waren, war es für eine Fortsetzung der Nachsuche zu spät.

So wurde die ganze Mannschaft abgezogen – die Schützen hatten sich schon

Schwielen am Hintern geholt – und rundumgefragt, ob ein neuerliches Treffen um acht Uhr morgens möglich sei? Ja, es war. Bis dahin sollte der Hirsch noch kranker sein, als er heute gewesen war, vielleicht gar schon verendet. Und mehr Leute würden wir dann auch sein. Eine Zeitlang saßen wir noch im Gasthaus beisammen, denn alle hatten einen gewaltigen Durst und Hunger bekommen. Einzig die Dackeline wollte nicht mithalten, sie verschmähte eine Knackwurst, rollte sich bei den Füßen ihres Herrn zusammen, um zu schlafen. Im Traum jagte sie wohl den Hirsch weiter. Am Abend besprach ich die Sache mit dem Nachbarpächter. Er war einverstanden, obwohl er noch hinter einem Jagdbaren her war. Bis acht Uhr sei er sicher schon von der Morgenbirsch zurück, ebenso seine Gäste und Helfer, meinte er.

Also trafen wir uns alle beim Kühwörther Jägerhaus. Allein, der Pächter ersuchte um eine Änderung der ursprünglichen Pläne. Er hatte in der Früh seinen Jagdbaren beschossen. Er sei ordentlich abgekommen, der Hirsch habe gut gezeichnet, allerdings habe es kaum Schweiß gegeben. Sicher liege der Hirsch in der Nähe des Anschusses, strahlte er Zuversicht aus. Ob wir nicht vorher mit dem Hund seinen Hirsch holen könnten? Selbstverständlich sagte ich zu. Für unsere eigene Nachsuche gab ich einen neuen Treffpunkt aus: neun Uhr auf der Dammstraße beim Gänshaufen.

Ein Teil der Jäger fuhr also den Nachbarhirsch holen, wir anderen gingen zu Fuß zum Treffpunkt. Aber nun bahnte sich die nächste Überraschung an. Es wurde neun Uhr, es wurde halb zehn, kein Auto kam daher, kein Hirsch, kein Mensch. Dann meinten wir, ganz weit weg zwei Schüsse zu vernehmen. Um halb elf endlich näherte sich auf der Dammstraße eine Staubfahne, die sich nach und nach zum erwarteten VW-Pritschenwagen auswuchs. Gottlob, jetzt wurde auch ein Hirschgeweih sichtbar. Als man ausgestiegen war, wurde berichtet:

Der Hirsch war nicht gelegen. Man hatte ihn aus dem Wundbett hochgemacht, er hatte sich bei der langen Hatz selten gestellt. Dann war es doch gelungen, ihn zu strecken. – Der Schuß war an und für sich auch richtig hingezielt worden. Die Kugel saß auf dem Schulterblatt, hatte dieses zertrümmert, aber nur ein paar Splitter waren bis zur Lunge vorgedrungen. Der Grund? In der Eile hatte man in der Früh das falsche Gewehr mitgenommen, eine 7 x 57, noch dazu mit dem schwachen 9-Gramm-Rehgeschoß! Ja, wenn der Schuß kurz hinter dem Blatt gesessen wäre, dann hätte es keine große Nachsuche gegeben. Aber wie auch immer, dank des Hundes war der Hirsch doch noch zur Strecke gekommen – und der Schütze hatte eine Lehre fürs ganze Leben erhalten.

Also auf zum nächsten Einsatz! Oberförster Köhler hatte heute seine Tochter, die gerade der Schule entwachsen war, und seinen Drilling mitgebracht. Die Tochter sollte mit „Erle“ die Riemenarbeit machen, der Kollege und ich gingen bewaffnet mit.

Alle anderen Schützen wurden eingewiesen, der Einstand großräumig umstellt. Nur für den Gänshaufenweg fehlte uns ein Schütze. So mußte der nächst dieser Stelle Stehende höllisch aufpassen, wenn es zur Hatz kam, denn es konnte sein, daß er seinen Stand im Laufschritt zu verändern hatte. Der Weg hatte nämlich zwei große Kurven, so daß man immer nur einen Bogen bestreichen konnte. Andererseits war es unwahrscheinlich, daß der Hirsch ausgerechnet da kam. – Genau diese Einschätzung war ein klarer Fall von „Denkste!", wie sich schon bald darauf herausstellen sollte...

Wir setzten bei der Wasserleitung an, wo wir gestern die Nachsuche hatten abbrechen müssen. Die Tochter, die schon oft mit dem Hund gearbeitet hatte, nahm „Erle" an den langen Riemen und begann auf dem Wechsel mit dem letzten abgestreiften Schweiß. Die Hündin wußte ja schon, was von ihr erwartet wurde, kannte den Laden von A bis Z. Sie legte sich sofort gut hinein, und wir zogen langsam nach. Schnell wäre es in diesem Dschungel ja sowieso unmöglich gewesen. Es ging zum nächsten Graben, dann zum Forstweg, und, nachdem dieser überquert war, in den herrlichen Weißpappel-Altbestand am Gänshaufen, der teils locker mit Hartriegel unterwachsen ist, teils aber auch bürstendick mit zusätzlich vorkommendem Holler. Da mitten drin hörten wir auf einmal vor uns ein Stück Rotwild wegbrechen. Die Hündin wurde wild und zog fest an. In einer Hartriegelgruppe fand sich ein Lager. Gemeinsam mit dem Hund untersuchten wir es: Ja, da lag Schweiß in der zerwühlten, trockenen Erde! Die Tochter fragte den Vater, ob sie nun schnallen solle? Der war sich nicht schlüssig, ich aber meinte ja. Umstellt war das Gebiet, also konnte uns der Hirsch nach menschlichem Ermessen nicht auskommen, auch wenn er sich nicht stellte. Die Halsung wurde abgenommen; die Hündin war sowieso schon ganz auf Hatz eingestellt. Leise winselte und jaulte sie, bis sie frei war. Dann ging es los, sofort lauthals. Kurz darauf Standlaut.

Nichts wie hin! Die Tochter mußte jetzt immer hinter uns bleiben, damit nichts passieren konnte, falls es zum Fangschuß kam. Doch der Reigen des vergangenen Tages setzte sich fort: Bevor wir am Hirsch waren, ging die Hatz schon wieder los. Je nach veränderter Lage riefen wir den in Fluchtrichtung angestellten Schützen unsere Hinweise zu, aber der Hirsch drehte jedes Mal vor dem Bestandesrand ab. Endlich wurde es ihm anscheinend doch zu bunt, und er hielt auf den Gänshaufenweg zu, dicht an mir vorbei. Schuß konnte ich jedoch keinen wagen, denn genau in der Schußrichtung stand draußen ein Schütze. Nun würde sich herausstellen, ob der am Weg postierte Jäger die Situation richtig erfaßte und den erforderlichen Stellungswechsel rechtzeitig vornahm! Laut schrie ich ihm meine Direktiven zu. Endlich fiel der Schuß am Weg.

Sekunden später war auch ich dort und erkundigte mich, was los gewesen war. Ja, der Hirsch sei hochflüchtig über den Weg gekommen, er sei zeitgerecht an der nächsten Wegbiegung gewesen, und der Schuß müsse so in etwa passen, erzählte der Schütze. Ein bißchen zu weit hinten sei er abgekommen, vielleicht Leber...

„Wo ist der Hirsch hinüber?“ fragte ich.

Die Stelle wurde mir bezeichnet. Tatsächlich, Leberschweiß!

Weit vor mir ertönte jetzt der Standlaut der Hündin. Nur: Wie sollte ich dahin gelangen? Ein Stückchen noch, dann war der Bestand zu Ende, da schloß eine mit Weißdorn dicht verwachsene Heißlände an, ein trockener Schotterboden, lediglich mit meist dornigen Sträuchern durchsetzt – eine Art Steppenbuschwald à la Savanne, wie Professor Zwilling einmal festgestellt hatte. Diesmal hielt die Bail. Ich kam im Zick-Zack-Sturm dahergelaufen und -gekrochen, war selbst voller Schweiß, die Haut zerfetzt, ich aber siegessicher. Meine beiden Begleiter hatte ich längst abgehängt. Endlich war ich nahe genug und sah den Hirsch im Wundbett, von dem Winzling von Hund scharf bedrängt. Der Hirsch wurde meiner gewahr und mühte sich hoch, doch da war die erste Kugel aus dem 98er bereits draußen. Den Zehner warf es nach vorne, er versuchte wieder hochzuwerden, dann machte ein gezielter Schuß auf den Träger dem Drama ein Ende.

Völlig erschöpft, aber überglücklich setzte ich mich zum Hirsch, liebelte die Hündin ab, die sich das ausnahmsweise auch gefallen ließ. Normalerweise durfte das am Stück nämlich nur ihr Herrchen tun. Anscheinend hatte sie mich im Zuge der langen Schweißarbeit akzeptieren gelernt. Nun konnte ich eben dieses Herrchen auch heranrufen, kurze Zeit später war er da, ebenfalls komplett außer Atem. Nachdem wir uns ein bißchen erholt hatten, machten wir uns daran, die Schüsse abzuklären. Der erste Schuß des Gastes war ganz hinten, knapp vor den Hinterläufen, zwischen Bauchdecke und Brunftrute durchgegangen. Mein durch die Sträucher nachgeworfener Schuß hatte den rechten Hinterlauf durchschlagen und war im linken steckengeblieben. Nach der Größe des Einschusses hatte diese Kugel wohl vorher schon einen Ast oder etwas Ähnliches erwischt. Der von dem am Weg postierten Schützen abgegebene heutige Schuß war ein Leberschuß gewesen, der auf der gegenüberliegenden Seite die Decke nicht mehr durchschlagen hatte. Mein erster Fangschuß auf das halbspitz wegstehende Wild hatte links hinterm Blatt gefaßt und war rechts vor dem Blatt wieder aus dem Wildkörper heraus. Der letzte Schuß des Tages war ein reiner Trägerschuß gewesen.

Allmählich kam die ganze Korona herangepilgert oder -gefahren. Bei allen herrschte Riesenfreude. Nach dem Liefern und Verladen des Hirsches – es wurde beim Forsthaus aufgebrochen – konnten wir auch den Nachbarhirsch des heutigen Morgens begutachten. Es war ein sehr guter Kronenhirsch mit rund acht Kilo Geweihgewicht.

Nun wurde aber schnellstens mein sehnsüchtig auf Nachricht wartender Gast verständigt. Eine Stunde später war dieser selig und glücklich bei seinem Hirsch. Er blieb unserem Revier auch weiterhin treu. Allerdings hatte er mich seit jenem Tag auf einen Satz für unser gemeinsames Jagen eingeschworen: „Herr Oberförster, wenn es nur irgendwie geht, dann schießen Sie nach auf einen getroffenen Hirsch!“

Vielleicht noch ein Wort zu den beiden an dieser Nachsuche beteiligten Hunden:

Die „Erle von Hummelshausen“ hat den 13. Behang erreicht und über vierhundert (!) erfolgreiche Nachsuchen auf Schalenwild – hauptsächlich Rotwild – geleistet. Als uns seinerzeit Oberförster Köhler den Dackelwelpen zeigte, haben wir alle gelächelt: Was sollte so ein kleiner Dackel schon im Dschungel der Au vollbringen können? Doch bald war uns das Lachen vergangen, mich eingeschlossen. Auch bei den Prüfungen ober und unter der Erde zeigte „Erle“ ihr Können und ihre Schärfe. Sie wurde allerdings später nur mehr ober der Erde eingesetzt, fast ausschließlich auf der Wundfährte. Es wäre auch zu schade gewesen, wenn dieser Spitzenhund im Bau zu Schaden gekommen wäre.

Meine Deutsch-Wachtel-Hündin „Pora vom Pürschhaus“ hat sich auch zu einer Spezialistin – allerdings in allen Fächern der Jagd – entwickelt und so an die fünfzig erfolgreiche Nachsuchen auf Rot- und Schwarzwild auf ihr Erfolgskonto verbuchen können. Sie wurde jedoch nur in nächster Umgebung und im eigenen Revier eingesetzt. Mit ihrem „Gatten“, dem „Mister vom Heidengraben“, war sie das, was Forstmeister Hoppe einst als „magisches Gespann“ beschrieben hat. Beide Hunde haben übrigens den Titel eines Österreichischen Jagdhundeprüfungssiegers erreicht. Ein Beweis dafür, daß erfolgreiche Prüfungshunde auch in der Praxis Hervorragendes leisten können. Die Hündin hat noch im zwölften Behang ausgezeichnete Schweißarbeiten absolviert. Allerdings war sie nach solch schwerer Nasenarbeit für zwei oder drei Tage völlig fertig. Da konnte man sehen, um wieviel anstrengender eine schwere Nasenarbeit ist, als etwa eine Hasenhetze oder Wasserarbeit. Auch war sie eine absolut sichere Totverbellerin, was uns sehr vieles erleichtert hat. In der Au ist nämlich ein Verweiser mit für den Führer unüberwindlichen Hindernissen verbunden: Die tiefen und langen Donau-Altarme und Dornendickichte sind für den Menschen undurchdringlich. Zu einem Totverbeller kann ich mir den Weg suchen, einem Verweiser muß ich folgen.

Wenn ich den Wert des von den beiden Hunden zur Strecke gebrachten Wildes kalkuliere, so komme ich auf die unglaubliche Summe von einer knappen Million Schilling, berechnet nach dem Wildbretwert Ende der Siebzigerjahre. Aber um das geht es gar nicht allein. Auf den ethischen Aspekt will ich jetzt gar nicht eingehen; daß eine penible Nachsuche oberste Jägerpflicht ist, sollte sich sowieso von selbst verstehen. Aber allein, wenn ich daran denke, wie groß die Freude ist, wenn sich nach einer Jäger und Hund Unmenschliches abverlangenden Nachsuche in der Au letztlich doch der Erfolg einstellt, weiß ich, was wir an unseren Hunden haben. Trotzdem wird eine Nachsuche in solchem Gelände immer das bleiben, was sie ist: eine Strafe Gottes.

Meinen Gästen habe ich jedenfalls stets den Rat gegeben, auf krankes Wild so lange weiterzuschießen, bis es liegt. Lieber der Abzug des Händlers für fünfzehn Kilo zerschossenes Wildbret und das Stück haben, als eine Patrone gespart und dann blöd aus der Wäsche geschaut...

Wieder Hexen?

Ende der Siebzigerjahre führte ich zu Anfang Oktober einen Gast auf einen Abschußhirsch. Noch im Dunkel des grauenden Morgens birschten wir in der Elberschütt vorsichtig entlang der Kastanienallee. Der Acker war eine wunderschöne Roggen-Wintersaat, eine beliebte Äsung neben den heruntergefallenen Kastanien, die von uns liegengelassen worden waren. In der Bucht, am Rande des Saatackers und knapp vor dem Waldrand, scherzten einige Junghirsche. Deutlich war Stangenschlag zu vernehmen. Hoffentlich hielten die Hirsche noch bis zum vollen Büchsenlicht, das war unser sehnlichster Wunsch. Sie hielten. Einen der Hirsche, er verhoffte breitstehend am Waldrand, konnte ich einwandfrei als Abschußhirsch ansprechen. Ich gab ihn frei. Der Gast war mir als sicherer Schütze bekannt, sonst hätte ich gezögert; denn es waren immerhin an die hundertfünfzig Meter, und zu schießen war stehend frei, angestrichen an einer Kastanie.

Dem Zeichnen nach handelte es sich eindeutig um einen Leberschuß. Der Hirsch flüchtete in einem Halbbogen vor uns vorbei und nahm den Wechsel an, auf dem sich schon die anderen Hirsche empfohlen hatten. Kein Brechen im aus eher schlechtwüchsigen Eschen, Akazien und Altpappeln gebildeten Bestand, der mit etlichen kleinen Blößen durchlöchert war. Die Blößen waren meist mit Weißdorn, Hartriegel und Liguster bestockt; sonst wuchsen dort brusthohe Goldruten und stellenweise etwas Glaskraut, das nur bis zum Bauch reichte. Absolut nichts hörte man, auch keinen dumpfen Aufprall vom Zusammenbrechen. Wie die Geister waren die Hirsche samt dem Beschossenen in Richtung Elberschüttwasser verschwunden. Wir gingen nicht einmal zum Anschuß, um nur ja nicht den Hirsch zu vertreten oder gar aufzumüden, und schauten zu einem ganz anderen Revierteil, in dem mir schon einige Male eine alte Rehgeiß mit ihrem schwachen Kitz durch die Lappen gegangen war. Tatsächlich gelang es uns heute, die beiden Stücke zu erlegen.

Gut zwei Stunden später waren wir wieder an Ort und Stelle. Der Anschuß war leicht zu finden, ebenso die im Saatacker

So klein ist der Mensch.
Und so groß ist die Au.

Die stärkste Schwarzpappel Mitteleuropas,
rund 200 Jahre alt.

deutlich zu erkennende Fluchtfährte. Leberschweiß leuchtete uns vom Grün der Saat entgegen, allerdings war dann am Waldrand Schluß mit dem Schweiß. Kein Tropfen mehr, nichts abgestreift, nichts abgetropft. Da konnte nur noch der Hund helfen. – Der Gast mußte abreisen.

Weitere zwei Stunden darauf begann ich mit der Nachsuche. Gefühlsmäßig war das eine „gmahte Wiesn", eine reine Totsuche. Spätestens nach zweihundert Metern würden wir am verendeten Wild stehen, dachte ich. So ließ ich meinen Deutsch-Wachtel-Rüden gleich vom Rad weg zum Anschuß mitgehen, legte ihm die Schweißhalsung um und nahm ihn an den langen Riemen. Er schien sofort im Bilde und zog zunächst stürmisch los, wie es eben seine Art war. Bald wurde er ruhig und hielt die Fährte bis in den Wald. Bei den dort zahlreichen Wechseln begann er zu faseln, führte mich quer durch die Botanik und wurde schließlich von mir abgetragen. Das durfte doch nicht wahr sein!

Nochmals legte ich ihn am Anschuß an, wieder das gleiche Bild. Mein Gott, hatte der heute einen schlechten Tag! Aber das kann ja vorkommen. Also machte ich mich auf den Weg zurück zum Rad und holte die Hündin „Trixi". Auch sie versagte, sie, die sonst jede schwierige Krankfährte arbeitete, wenn es sein mußte mit der Nase tupfend. Es war zum Verzweifeln.

Es half alles nichts, offenbar waren heute die beiden Hunde nicht in der Lage, diese watscheneinfache Totsuche durchzuführen. Beide Vierbeiner standen damals zwar erst im dritten Behang, waren aber in allen Arbeiten vollkommen ferm, auch auf Schweiß – und dann so ein Fiasko.

Deprimiert fuhr ich nach Hause, um ein weiteres Mal Kollegen Köhler mit seiner Wunder-Dackeline um Hilfe zu bitten. Er versprach, am Nachmittag zu kommen. Um es kurz zu machen: Auch dieser Wunderhund versagte. Am Riemen jedenfalls war da kein Weiterkommen. Auf meine Bitte hin wurde nun der Hund geschnallt. Und siehe da: Gleich darauf erklang Hetzlaut! Zwar war mir völlig unverständlich, daß der Hirsch noch lebte, aber was sollte es. Nun aber mußten wir so schnell wie möglich zum Acker zurück, denn dorthin ging die Hatz. Bevor wir diesen noch erreichten, hörten wir nur mehr den Hund in Richtung Uferhaus hetzen, bereits außer Sicht. Bei der Kastanienallee angekommen, begegneten wir einem Hobbymaler, mit all seinen Malutensilien bepackt. Ich fragte ihn, ob er einen kranken Hirsch vor einem jagenden Hund gesehen hätte?

Der gute Mann, ein Deutscher, antwortete: „Nee, Hirsch nich, aber ein Teckel hat ne Ricke übers ganze Feld gejacht. Na, die is aber janz schön flott ab!"

Ich wußte, daß die Dackeline nicht an gesundem Wild jagte, wenn sie auf der Schweißfährte war, und schon gar nicht an Rehwild. Also richtete ich verwundert eine weitere Frage an den Gast, dahingehend, ob er sich nicht irren könne? Nein, nein, er sei sich ganz sicher, meinte der Maler, denn erstens ginge er selbst auf die Jagd, und zweitens sei er ständig draußen in der Natur und kenne sich also aus.

Oberförster Köhler war ob dieser Aussage zunächst sprachlos und sich dann sicher, es könne sich nur um eine angeschweißte Geiß gehandelt haben, vielleicht auch um ein Wild, das bei einem Straßenunfall angefahren worden sei. Ich entgegnete, daß mir ein solcher Vorfall zu Ohren hätte kommen müssen. Wie dem auch sein mochte, wir standen ziemlich ratlos herum und warteten auf die Rückkehr der Dackeline. Nach einer guten Viertelstunde kam diese auch auf der Rückfährte in Sicht, völlig abgehetzt. Sie wurde an die Leine genommen, bekam Wasser und wurde ins Auto verfrachtet, während wir zu dritt – ich hatte noch meinen jungen Kollegen H. mitgenommen – mit einer Nachsuche auf gut Glück begannen. Weit konnte der Hirsch nach meiner Überzeugung nicht sein; sicher war er schon bald nach dem Schuß verendet. Eine halbe Stunde später, nachdem wir den Bestand streifenweise abgesucht hatten, rief mich H. zu sich. Unter einer großen Hartriegelstaude lag der steife, aufgeblähte Hirsch, keine hundertfünfzig Meter vom Anschuß weg! Der Hirsch hatte einen Leberschuß, der den Wildkörper nicht durchschlagen hatte. – Das Wildbret war dank des kühlen Wetters noch verwertbar.

Alles Spekulieren, warum, weshalb, wieso die Hunde so danebengehaut hatten, blieb ohne Antwort. Daß ein Hund, ebenso wie der Mensch, einmal einen ganz schlechten Tag haben kann, an dem ihm nichts gelingt, leuchtet wohl jedem ein. Daß aber drei erfahrene Hunde, darunter zwei Spitzenhunde auf Schweiß, auf so einer vermeintlich todsicheren und leichten Fährte völlig versagen, darauf weiß ich mir bis heute keinen Reim zu machen. Weder einer der zahlreichen erstklassigen Hundeführer noch ein Tierpsychologe oder Tierarzt konnte mir auf meine diesbezüglichen Fragen eine befriedigende Auskunft erteilen. Blieb also nur mehr eine Erklärung übrig: Da hatten wieder einmal diese verdammten Hexen aus der Elberschütt ihre Hände im Spiel! Aber Spaß beiseite: Das Beispiel soll zeigen, daß wir über einen Hund, dem eine Nachsuche mißlingt, nicht gleich die Nase rümpfen und den Stab brechen sollten. Denn gottlob sind unsere haarigen Weggefährten auch nur Lebewesen und keine computergesteuerten Maschinen. Freuen wir uns darüber, daß wir sie haben!

Mit anderen Augen

Ein Jahr später, um 1980, gab es einen Einsatz mit meinen beiden Hunden, den ich nie vergessen werde. Allerdings wünsche ich auch keinem Jäger, daß er jemals eine ähnliche Erfahrung machen muß, wie ich sie damals gemacht habe.

Ende September war es. Eines Morgens rief der Nachbarförster an und ersuchte mich, einen Hirsch nachzusuchen, den sein

Jagdherr am Abend zuvor beschossen hatte. Die beiden waren schon in der Dämmerung den Hirsch angegangen, am Rande des Bestandes, den der Hirsch ganz offensichtlich nicht vorhatte, zu verlassen. Der Nachbarförster hatte den Jagdherrn gebeten, nicht mehr zu schießen; es sei bereits zu dunkel. Seine Bedenken wurden aber mit einer Bemerkung über das lichtstarke Zielfernrohr abgetan, die Kugel angetragen. Der Hirsch hatte gut gezeichnet, gewendet und war mitsamt dem Kahlwild im Bestand verschwunden. Es brach und polterte dort allerorten, mit der Folge, daß man nicht sagen konnte, welche Geräusche von welchen Stücken stammten. Am Anschuß hatte man vorerst gar nichts entdeckt und war ein wenig bedrückt heimwärts gegangen. In der Früh fand man ein bißchen Schweiß, auch noch über eine kurze Strecke im Bestand; dort wurde er aber zunehmend spärlicher. An diesem Punkt war dem Nachbarförster die Sache zu bedenklich geworden, und er hatte die Nachsuche abgebrochen, um mich zu verständigen. Sofort hatte er auch einige Schützen zum Vorstellen organisiert.

Der wenige Schweiß, den ich fand, war meiner Meinung nach reiner Wildbretschweiß. „Trixi“ kam an den langen Riemen, mein Gehilfe H. nahm „Axel“ an die Handleine, und der Nachbarförster begleitete uns als Revierführer. Nach kurzem Einpendeln saugte sich die Hündin an der Fährte fest, korrigierte sich im Bestand, der voller Brunft- und Sauenwittrung war, und es ging zügig voran. Ab und zu verwies die Hündin einige Tropfen Schweiß. Das Unterholz wurde immer lästiger, zu den übermannshohen Goldruten kamen nun die so geliebten Dornstauden und Brennesseln dazu – ganz zu schweigen von den Gelsen, die ja hier in der Au im Sommer und im Herbst immer mit dabei sind. Die Hündin führte uns durch einen Graben, etliche Widerhaken wurden weit ausholend ausgearbeitet, wobei sie uns stets jeden Tropfen Schweiß zeigte: „Komm, wir sind auf der Krankfährte!“

Eine ganze Weile ging das so dahin. Einmal kroch ich auf allen vieren, dann konnte ich wieder aufrecht folgen. Längst war ich schweißgebadet und voller Schrammen. Zweifel nisteten sich in der Seele ein: Ob wir diesen Hirsch je bekommen würden? Plötzlich aber blieb die Hündin kurz stehen, windete hoch, wurde lebhaft und verwies ein Wundbett mit eingesickertem Schweiß! Genauer gesagt, es war ein „Stehwundbett“, denn der Hirsch hatte sich nicht niedergetan, sondern war hier nur lange Zeit gestanden. Trixi gebärdete sich nun immer stürmischer – und mit einem Mal wurde sie am Riemen laut. Ein Wink zu H., beiden Hunden die Halsung abgenommen, und ab ging die Post!

Sekunden darauf drang bereits voller Hetzlaut zu uns her, die wir, so gut halt möglich, nachliefen. Endlich Standlaut! Mit inzwischen durchgeladenem Nachsuchegewehr birschte ich mich vorsichtig an die Bail heran. Da stand der Hirsch! Mit gesenktem Haupt wehrte er die lauthals stellenden und angreifenden Hunde ab. Durch die herabhängenden Äste von Sträuchern schoß ich von hinten auf den halbspitz von mir wegstehenden Hirsch. Sofort wurde er flüchtig, bis ihn nach zweihundert Metern die Hunde wieder stellten und hielten. Jetzt wollte ich mir etwas Zeit lassen, denn dieser Hirsch kam uns nicht mehr aus. Zwar hatte er mich wahrgenommen, aber er war zu krank, um die Bail zu brechen. Und dann kam das, was mir durch Mark und Bein ging und was mir beim Hirsch nur drei Mal in meinem ganzen Jägerleben untergekommen ist: Der Hirsch klagte. Dieser starke Hirsch klagte in seiner Not und Todesangst.

Der Eindruck dieser Sekunden läßt sich mit Worten nicht beschreiben. Noch heute läuft mir die Gänsehaut den Rücken hinunter und mir könnten die Tränen kommen, wenn ich daran denke. – Augenblicke später beendete der Fangschuß auf den Träger dieses Kapitel. Trotz der hervorragenden Arbeit der Hunde stieg keine Freude über den erfolgreichen Abschluß der Sache auf. Natürlich wurden die Vierbeiner abgeliebelt, natürlich wurde mit den beiden Begleitern die Sache nochmals durchgesprochen, aber über dem Ganzen blieb ein einziges Gefühl hängen – Erschütterung.

Der Hirsch hatte einen sehr tiefen Blattschuß, mit starker Zerstörung des Brustkorbes und einer Laufverletzung, wobei der Ausschuß bloß kalibergroß war. Deshalb hatte es bei der Nachsuche auch so wenig Schweiß gegeben.

Daß ein derartiger Schuß einmal passieren kann, das wird sich niemals völlig ausschließen lassen. Daß man jedoch durch Unbeherrschtheit oder Selbstüberschätzung ein Tier der Gefahr solchen Leides aussetzt, sollte einem – zumindest – zu denken geben. Wer jemals Vergleichbares erleben mußte, der weiß nicht nur wovon ich spreche; er wird seither auch mit anderen Augen und anderer Einstellung zur Jagd gehen...

Auch die folgende Begebenheit – sie liegt schon etwas länger zurück – zeigt, wie schwierig es werden kann, wenn Unbeherrschtheit den Jäger treibt:

Auch da war in einem Nachbarrevier ein Jagdbarer in der Brunft beschossen worden, diesmal in aller Herrgottsfrüh. Nach gutem Zeichnen war der Hirsch hochflüchtig abgegangen, zuerst durch dorniges Strauchwerk, dann weiter in Richtung Schilf und Donauarm.

Am Vormittag rief mich der zuständige Förster und Revierleiter an; er druckste zunächst herum und rückte dann mit der Wahrheit heraus: Auf Drängen des Pächters und gegen seinen Willen sei nach zwei Stunden ohne Hund nachgesucht worden. Spärlichst habe man Schweiß gefunden, der sich vor dem Schilfgürtel verloren habe. Im Schilf dann sei der Hirsch hochgeworden, wurde beschossen, war durch das Wasser weitergeflüchtet, bis man schließlich nichts mehr gehört habe. Da, endlich, sei die Nachsuche aufgegeben worden.

Und jetzt sollten meine beiden Hunde Wunder wirken. Bis zum Schilf, das aufgrund des hohen Wasserstandes für uns nicht begehbar war, verwies die Hündin ab und zu Schweiß. Dort begann sie zu faseln. Alle Versuche, den Anschluß zu finden, schlugen fehl. Auch mit dem Rüden erreichte ich kein anderes Ergebnis. Sicherheitshalber suchte ich noch das ganze Gelände entlang des Schilfgürtels ab. Aber es war vergeblich. Keiner der beiden Hunde verwies ein Birschzeichen. Am Riemen war da nichts mehr zu machen. Denn wenn auch die Hunde mehrmals in Richtung Schilf und Wasser zogen, ich konnte ihnen nicht folgen. Also Halsung runter, beide sind Totverbeller, wird schon schiefgehen!

Immer wieder hörten wir die Hunde weit draußen, beinahe schon im freien Wasser, wo wir nicht hinsehen konnten. Ein Rascheln, ein Platschen, ein Schnaufen, wieder und wieder. Aber es half nichts, wir hatten keine Chance, dort hinzukommen. Ich konnte mich des Gefühls nicht erwehren, daß sie am Hirsch waren. Warum aber gaben sie nicht Laut? – Aus, zwecklos, sagte ich schließlich. Allem Anschein nach war der Hirsch doch durch den Donauarm geronnen, und die Hunde fanden auf der freien Wasserfläche nicht weiter. Ich gab die Nachsuche auf. Zweifel aber blieben.

Beim anschließenden gemeinsamen Mittagessen gab ich den Kollegen den Rat, mit ihrer Zille von der anderen Seite an jene Stelle zu fahren, wo die Hunde sich immer wieder eingefunden hatten. Immerhin war es möglich, daß der Hirsch tatsächlich dort lag. Genau so war es dann auch.

Vom längst Verendeten hatte nur ein kleiner Teil der aufgeblähten Flanke herausgeschaut, alles andere deckte das Wasser. Warum die Hunde ihn nicht totverbellt hatten, blieb mir ein Rätsel. War das Lautgeben schwimmend und prustend einfach nicht möglich gewesen? Wahrscheinlich war es so. Aber eine vergleichbare Situation hatten wir bis dahin noch nicht erlebt.

Und der Schuß? Das war ein Beinahe-Hohlschuß, mit einer geringfügigen Lungenverletzung. Das Geschoß war ziemlich glatt durch die Rippen gegangen. Hätte man auf den Förster gehört und die Nachsuche viel später mit den Hunden aufgenommen, so wäre der Hirsch entweder schon verendet gewesen oder zumindest noch vorm Schilfgürtel zur Strecke gekommen.

Wie auch immer, im Gegensatz zur vorhin geschilderten Nachsuche hatte diese einen in jeder Hinsicht glücklichen Ausgang genommen. Und ich hatte eine weitere außergewöhnliche Erfahrung gemacht. Eine jener Erfahrungen, durch die ein Jägerleben erst wirklich reich wird, auch, weil man sieht, wie klein man als Mensch vor einer so gewaltigen Landschaft steht, wie es die Au ist...

Aufs Mahnen...

Am Mittelwasser – im Zentrum der Unteren Lobau.

Überschwemmungsgebiet – Donauwiesen im Frühjahr.

Am Rande des Schilfgebiets: Bültensegge – auch „Bubiköpfe“ genannt.

Heißlände am Kreuzgrund – im Vordergrund Eichenaufforstung.

Langstangiger Vierzehnender mit den letzten Abwürfen – in Kühwörth zur Strecke gelegt.

Nach schwieriger Nachsuche – der 10-11jährige „Löwe vom Küniglmaiß“.
Er trenzte kaum, und sein Röhren klang eher wie das mächtige Brüllen eines Löwen.

Ein Spitzenhirsch aus dem Jahr 1980: doppelter Augsproß, 11 Kilo Geweihgewicht.

1996 - der stärkste Hirsch Österreichs
aus freier Wildbahn: 13 Kilo Geweihgewicht.

12jähriger „Schaufelhirsch“, erlegt 1981.
Niemand kannte ihn vorher.

Ein Wald voller Enden.
Ungerader 22-Ender aus dem Jahr 1997.

Gewaltige Viererkrone, starke Stangen – Markenzeichen der Au- und Karpaten-Hirsche.

Fast waagrecht streben die nicht allzu starken Stangen dieses Hirsches aus dem Jahr 1980 auseinander.

Ein uralter Lobau-Kämpfer, erlegt im Jahr 1995. Der Hirsch war 18(!) Jahre alt.

Nach 41 Birschgängen zur Strecke gekommen: einer der stärksten Muffelwidder aus der Lobau.

Nach fünfzehn Jahren Schonung wurde 1997 wieder der erste Damschaufler in der Unteren Lobau erlegt.

Der Jäger und sein Hund an einem kalten Tag in der Heißlände am Dürrham,
wenige Monate vor der Übergabe des Reviers an den Nachfolger...

Ein forstlicher Jagdtag

Nach den voranstehenden Schilderungen jagdlicher Erlebnisse in der Lobau mag der Eindruck entstanden sein, hier habe sich fast alles bloß ums Rotwild gedreht. Dem war nicht so. Sicher hatte bei den Gästen meist der Lobauhirsch, vornehmlich der Brunfthirsch, das höchste jagdliche Renommee. Das darf aber nicht darüber hinwegtäuschen, daß die Lobau für den Kenner gerade aus ihrer ungeheuren Vielfalt heraus lebt – auch in jagdlicher Hinsicht. Um dem Leser eine Vorstellung von dieser Vielfalt zu geben, möchte ich ans Ende dieses Buches die Erzählung eines „forstlichen Jagdtages“ stellen, die einen Eindruck gibt, wie bunt der jagdliche Bogen in diesem wunderschönen Augebiet sein kann. Ich greife dabei nochmals ein paar Jahrzehnte zurück, auf einen Dezembertag in den Sechzigerjahren, genauer gesagt auf einen Stefanitag, der mir in besonders guter Erinnerung geblieben ist.

An jenem Stefanitag platzte mir nach zehn Tagen ausschließlicher Schreibtischarbeit der Kragen, und ich verordnete mir ein forstliches Programm, verbunden mit etwas Jagd. Das Programm sah folgendermaßen aus: in der Kothau die erzeugte Holzmenge im Schlag feststellen und den Stand der Blochausfuhr; im Sandhaufen Holzübernahme von drei Selbstwerbern, die nun mit ihrem Brennholz fertig waren und es abführen wollten; Schlägerung ebendort durch unsere Arbeiter; und schließlich Kontrolle der Pappelkultur am Langen Grund. Soweit das forstliche Programm. Dazwischen wollte ich mir in der Elberschütt im Akazien-Altholz ein oder zwei Fasane holen. Auch dieser Programmpunkt hatte letztlich einen forstlichen Hintergrund: Irgendwann war ich nämlich durch einen Zufall draufgekommen, daß ein hier von mir erlegter Fasan den Kropf prall gefüllt mit Akaziensamen hatte. Wer die Schoten und die winzigen Samen der Akazie kennt und weiß, wie mühsam es ist, eine entsprechende Menge für die Aussaat im Pflanzgarten zu bekommen, wird ahnen worum es mir dabei ging. Mein seinerzeitiger Versuch hatte nämlich ergeben, daß ein solcher Same noch keimfähig war, nach entsprechender Winterlagerung. – Zwei Stück Rehwild und ein IIb-Hirsch waren außerdem noch frei. Auf erstere bestand gute Hoffnung bei den im Revier liegenden Wintersaaten, mit dem Hirsch rechnete ich nicht.

Also packte ich meinen Rucksack, etwas Jause, den Bockdrilling – das Zielfernrohr steckte ich in den Rucksack –, dazu fünf Schrotpatronen, drei große Kugeln und fünf Kleinkaliberpatronen. Beim Abmarsch auf Schusters Rappen zeitig am Vormittag umtanzten mich meine beiden Terrier wie wild. Seit zwei Wochen hatten wir mittleren Frost, und heute Nacht hatte es leicht geschneit. Inzwischen spannte wieder blauer Himmel über der Au – Herz, was willst du mehr! Da konnte man im Schnee lesen, wie im aufgeschlagenen Buch Gottes.

Zunächst ging es Richtung Elberschütt. Zwischen dieser und der Kothau liegt das Uferwasser, das jetzt gut zugefroren war. So konnte ich ohne Umweg in die Kothau gelangen. Dazu kam, daß die Fasane aus der Elberschütt fast immer über dieses zum Teil verschilfte Wasser in die Kothau strichen. Wenn ich zu Schuß kommen wollte, dann hier! Am Ufer des Donauarmes suchte ich mir eine günstige Stelle. Mit einer Handbewegung schickte ich die zwei Terrier in den Akazienbestand. Sie beide – Mutter und Tochter – waren vollkommen ferm, und sie hatten einen wunderbaren Jagdverstand, vor allem die Junghündin. An ihnen würde es nicht liegen. Im Falle des Falles lag das Problem viel eher bei mir: nämlich mit dem Drilling einen in voller Fahrt befindlichen Hahn auch zu treffen. Jeder Schrotschütze weiß, wie wichtig die richtige Gewichtsverteilung beim Gewehr ist, und eine Flinte ist viel führiger als der völlig anders gewichtete Drilling. Da hatte ich oft einige Anlaufschwierigkeiten, bis der richtige Schwung in der Bewegung war. – Schußbereit stand ich da und harrte der Dinge. Waren heute überhaupt Fasane hier?

Die Antwort auf diese Frage kam rasch. Kurzer Hundelaut, ein lautes „Gock-Gock", und bald erschien er knapp über den Kronen in schneller Fahrt, der gewünschte Hahn! Die Entfernung stimmte und, im Mitschwingen durchgezogen, erhielt der Hahn den vollen Schuß. Prasselnd fiel er mit hängendem Kopf und Schwingen durchs Schilf und schlug mit einem dumpfen Plumpser aufs leicht verschneite Eis. Was war ich froh und stolz!

Doch da war schon wieder Hundelaut zu hören, dann das Wispern von Hennen; drei Stück kamen kurz darauf auf demselben „Wechsel" dahergestrichen, wie zuvor der Hahn. Sie blieben natürlich unbeschossen. Während ich ihnen noch nachschaute, riß es mich plötzlich gehörig. Ein aufstehender Hahn meldete sich an! Ob der wohl auch in Reichweite des glatten Laufes kam? Er kam ... und ich kam aus dem Staunen nicht heraus, als auch dieser Hahn fiel. Wie der erste schlug er durchs Schilf auf die Eisdecke, schon mehr zum jenseitigen Ufer hin. Voller Freude stand ich da und gab mich dem Nacherleben hin, als schon die Hunde zurückkehrten und mich fragend anschauten. Wieder genügte ein Wink mit der Hand, und erneut raschelte es im Schilf, wo sie herumsuchten. Mit umgehängtem Drilling stand ich da und schaute den sich bewegenden Halmen zu, als mich der Ruf eines aufstehenden Erpels nach dem Gewehr greifen ließ. Ein sichtlich kranker Erpel wurde aus dem Schilf schwerfällig hoch. Also diesen Erpel herunterzuholen, war wahrlich keine Kunst! Da war auch schon die Junghündin mit einem der erlegten Hahnen bei mir und gab freudig wedelnd ab. So schickte ich sie in Richtung des Erpels, und kurz darauf kamen beide Hunde fast gleichzeitig mit Hahn und Erpel an. War das ein Erfolg für uns drei!

Nach dem Abliebeln der Hunde und dem Aushakeln der Beute ging es über das Eis hinüber in die Kothau. Nur verlief das nicht ganz nach Wunsch, denn ich erwischte mit einem Fuß eine Schwachstelle im Eis und brach ein. Gottlob nur kurz, so daß das Wasser nicht in den Schuh hinein lief. Der Strumpf war allerdings naß unterkühlt, aber das war leicht zu ertragen. Nun erreichten wir den Schlag. Dort legte ich Beute, Rucksack und Hunde ab, nahm den Drilling mit und stakste zwischen den Blochen, Scheiten und Reisig umher. Der Drilling war natürlich noch von der Querung des Eises entspannt, als keine fünf Schritt vor mir ein Hase aus der Sasse fuhr, bald aber wieder gemütlich zwischen und über den Blochen das Weite suchte. Es blieb mir Zeit genug, um den Drilling zu spannen und den Hasen zu treffen, gerade noch im richtigen Schrotbereich. Die Dreimillimeter-Schrote taten das ihrige, und der Hase schlegelte aus. Na, das gab es ja gar nicht, wie das heute funktionierte! Schnell noch die Schätzungen im Schlag zu Ende führen, dann die Hunde und alles übrige holen und ein Versteck für die Beute suchen. Denn zwei Hahnen, ein Erpel und der Hase hätten doch ein ganz schönes Gewicht abgegeben, wenn sie den restlichen Tag am Rucksack baumelten. Also ein geeignetes Platzerl gesucht, das Wild verblendet und markiert, und abends konnte ich sie dann mit dem Auto holen.

Leichten Fußes ging es nun am Ölhafen entlang zum Sandhaufen, bei den Selbstwerbern am Feuer wurde gejausnet. Natürlich war auch für die Hunde ein Leckerbissen im Rucksack. So ließ ich dann Hunde, Rucksack und Gewehr bei den Leuten, übernahm das Holz, machte meine Notizen auch über die Regieschlägerung. Erfreut war ich, als ich sah, wie schön das Rotwild hier die Knospen und die Triebe der gefällten Pappeln abgeäst hatte, die feine Rinde sauber geschält. Ist das doch die beste Äsung, die es hier im Winter in der Au gibt. Da ließ ich immer genügend lange Zeit das Wipfelholz liegen, auch das Schwachholz blieb möglichst lange im Schlag. Hier war ich nun fertig, holte meine Sachen und Hunde, und weiter ging es über die Adlerboden-Fütterung zur eingezäunten Pappelkultur. Auf dem Futterplatz untersuchte ich natürlich sorgfältig das Fährten- und Spurenbild, wie selbstverständlich auch schon vorher unterwegs. Beim Zaun der Pappelkultur angekommen, legte ich wieder alles samt Hunden ab und begann, den Einstieg aufzuflechten, als ich auf der Innenseite des Zaunes einen stark ausgetretenen Rehwechsel sah. Da fiel mir wieder ein, daß wir ja im Frühjahr nach der verspäteten Zäunung ein Reh drinnen entdeckt hatten. Allerdings hatten wir angenommen, daß es uns danach gelungen war, es herauszutreiben. Offensichtlich war das ein Irrtum gewesen.

Also Drilling gespannt, statt meiner letzten Schrotpatrone kam eine stets mitgeführte Brenneke in den Lauf. Die Kulturfläche war ziemlich schmal und lang, die Erlen – mit

Hartriegel vermischt – fast brusthoch. Langsam ging ich durch die Fläche. So mitten drin rumpelten plötzlich am Zaun entlang in voller Flucht *zwei* Rehe an mir vorbei! Ein schwaches Geißkitz und die Altgeiß. Anscheinend hatte diese in der Zäunung gesetzt. Rasch suchte ich mir eine Stelle, die weniger unterwachsen war, und da kamen sie schon Hals über Kopf auf der anderen Seite zurück. Es ging sich nicht aus. Mir blieb nichts anderes übrig, als langsam weiterzugehen, um wieder an sie heranzukommen. Es gelang nicht ganz, weit vor mir wurden sie erneut flüchtig und wollten wieder zurück. Da hier der Unterwuchs etwas lückig war, schoß ich mit der H-Mantel durch das Strauchwerk, traf das Kitz auch, zwar ein wenig weich, aber es brach bald zusammen. Die Geiß machte nun wider Erwarten einen Bogen durch die Fläche und wollte zur anderen Seite. Ich ließ die Brenneke durch die Sträucher fliegen, sie faßte die Geiß am Träger, und das Stück rollierte wie ein Hase mit Kopfschuß. Mensch, was war das für ein Tag! Alles, was man sich wünschte, schien aufzugehen. – Nach ein paar in dankbarer Stille verbrachten Minuten zog ich die beiden Stücke zum Einstieg, brach sie dort auf und lieferte sie bis zum Weg, wo ich sie in der Nacht gemeinsam mit dem anderen Wild holen wollte.

Langsam ging der Tag zur Neige, als ich in Richtung Runder Boden über die Figl-Allee zu Fütterung und Tagesabschluß unterwegs war. Der Schnee war inzwischen weich geworden, die Temperatur auf einige Grad über Null angestiegen. Ja, träumte ich, oder scherzten da wirklich im Eulenboden Junghirsche? Im Gehen innehaltend lauschte ich hinüber. Kein Zweifel, da hielten sich tatsächlich Hirsche im mit Weißdorn, Hartriegel und Liguster stark unterwachsenen Pappelaltholz auf. Auch kleine Blößen sind da drinnen, weil der Boden eine schlechte Bonität hat. Außerdem ist der Auwald hier durch Bombentrichter aus dem Zweiten Weltkrieg aufgelockert. War das nicht eine Fügung Gottes? Mußte ich nicht auch hier noch mein Glück versuchen? Lange würde allerdings das Büchsenlicht nicht mehr anhalten. Und natürlich konnten die Hirsche, wenn ich jetzt die Hunde hineinschickte, alle möglichen Fluchtwechsel annehmen. Trotzdem, wenn ich mich an der südöstlichen Ecke anstellte, konnte es klappen – sofern überhaupt ein entsprechender Abschußhirsch dabei war. Mit dem Ansprechen und Schießen würde ich jedoch verdammt vorsichtig und schnell sein müssen. Heiliger Hubertus, hilf – ich mußte es einfach versuchen, auch wenn aus der Sache möglicherweise, ja wahrscheinlich nichts wurde.

Ich holte das Zielfernrohr aus dem Rucksack und setzte es auf. Zwei Kugeln und eine Brenneke hatte ich noch. Aufgeregt fegten die Hunde mit ihren Stummelruten den Boden. Vorsichtig birschte ich zur vorgesehenen Ecke vor und suchte den bestmöglichen Stand. So, von da aus konnte es gehen! Aber viel, viel Glück würde ich brauchen. Schon allein das Ansprechen in der Flucht durchs vierfache Zielfernrohr war teuflisch. Dann auch noch schießen und gut abkommen, na ja, teuflisch, teuflisch...

Die Hirsche scherzten mittlerweile noch immer, vielleicht hundert Meter halblinks von mir. Mittels Handzeichen schickte ich die Hunde auf der Allee vor, und als sich die Junghündin nach mir umdrehte, deutete ich zum Bestand. Sie schaute mich nochmals an, ich deutete wieder, und nun verschwanden beide Hunde im Holz. Ich wußte, daß sie die Hirsche nur kurz anjagen und nach einigen Metern wieder ablassen würden. Schon erklang kurz der Hundelaut, es brach und rumpelte, und die Hirsche waren unterwegs! Den Drilling angebackt und etwas gesenkt, um übers Glas vorerst zu schauen, wo das Rudel kam ... und da waren sie schon, fast wunschgemäß, nur ein wenig weiter als erhofft.

Der erste Hirsch – jetzt schon durchs Zielfernrohr gesehen – war ein ganz junger Kronenhirsch. In voller Flucht duckte er sich zeitweise tief hinein, wenn es durch die Weißdornstauden ging, und legte sein Geweih am Rücken an. Ein zweiter Kronenhirsch, auch ein Zehner oder Zwölfer vom zweiten, vielleicht auch dritten Kopf, folgte. Jetzt aber wurde es ernst: Der dritte Hirsch war ganz offensichtlich ein „Sabelsechser", möglicherweise auch ein Stiefelknechtachter, das sah man von der Seite nicht. Es spielte aber auch keine Rolle, denn in jedem Fall paßte dieser Hirsch. Nun also volle Konzentration, immer auf dem Wildkörper bleiben! Im Mitziehen warten auf die Lücke im Gesträuch. Und da war sie schon! Schnell eine gefühlsmäßige Korrektur, und mitten in die Flucht hinein ist die Kugel aus dem Lauf. Der Hirsch zuckte kaum merklich zusammen, aber bei der nächsten Flucht nach dem Aufsetzen ging er vorne hoch und schlug nach hinten aus. Das Flintenlaufgeschoß blieb im Lauf, war für die hundertzwanzig Meter Entfernung nicht mehr geeignet. Wäre es näher gewesen, so an die fünfzig, sechzig Meter, ich hätte die „Kartoffel" noch fliegen lassen. So aber schaute ich bloß dem Rudel nach, das bald über die Straße im Rettungshausmaiß verschwand. Ein weiterer schwacher Hirsch, wieder ein junger Kronenhirsch, war noch nachgekommen.

Zunächst hieß es jetzt einmal gut aufpassen, um die etwa durch den Schuß aus der Fassung geratenen Hunde niederzupfeifen. Aber das war gar nicht notwendig, denn schon kamen sie erwartungsvoll auf der Rückfährte über die Allee dahergehechelt. Dann wurden die flatternden Nerven mit einer Zigarette beruhigt, was an und für sich bei mir tagsüber schon längst mehr als ungewöhnlich war. Aber dieser Tag war einfach ein Sonderfall. Das Jagdfieber hatte mich ganz schön gepackt, wie halt immer, gleichgültig, ob beim Hasen oder Hirsch. Immer kommt es vorher und nachher, während ich mich beim Schuß voll konzentrieren kann. Auch heute noch bringt mich der anhoppelnde Küchenhase, den ich mit der kleinen

Kugel erlegen will, in Erregung, und so soll es ja wohl auch sein.

Ich rauchte und sinnierte. Immer wieder ging mir der ganze Ablauf der Geschichte durch den Kopf. Zweifel kamen auf. Denn auch bei Streifschüssen am Brustkorb hatte ich schon ähnliches Zeichnen gesehen. Endlich war es so weit: Hunde und Rucksack blieben zurück, und ich begab mich langsam zum Anschuß, den Drilling mit letzter Kugel und Brenneke geladen, das Zielfernrohr im Rucksack. Da vorn, in der Lücke, mußte es sein. Da war auch schon im spärlich gewordenen Licht im Schnee die Fluchtfährte des Rudels zu erkennen. Schweiß fand ich vorerst keinen, also folgte ich vorsichtig der Fährte. Nach der nächsten Strauchgruppe aber, da leuchtete es mir schon rot entgegen. Im Schneematsch war es schwer zu sagen, um welchen Schweiß es sich handelte. Auf jeden Fall war er licht, kein Grünzeug dabei, auch kein dunkler Leberschweiß. Noch beruhigender wurde es, als ich ihn beidseits der Fährte fand. Natürlich konnte es noch immer ein Schuß durch die Vorderläufe sein oder durch den Brustkorb. Aber auf dem Schotterweg, wo der Schnee noch besser lag, da war auch mehr Schweiß, vor allem auf der Ausschußseite und – es war Lungenschweiß! Endlich hatte ich Gewißheit, daß der Schuß gut saß. Trotzdem war noch Vorsicht geboten. Keinen Schritt mehr machte ich weiter, sondern ging zurück zu den Hunden, nahm die Junghündin an die Schweißleine, während ich die Althündin beim Rucksack ablegte. Vom Anschuß weg arbeitete die Hündin voll konzentriert am Riemen, und keine hundert Meter nach der Straße, kurz vor einer größeren Blöße im Strauchwerk, lag der in der Fährte verendete Hirsch! Zudem war es auch noch tatsächlich ein „Sabelsechser“, also ein Abschußhirsch, wie er für unsere Aubegriffe im Buche steht.

Ungeheure Freude erfaßte mich. Nach einer Andachtspause holte ich den zweiten Hund, nahm den Standhauer heraus und machte mich schließlich an die Rote Arbeit. Ein Stück Milz bekam jeder Hund, das Geräusch und der im Restschnee gewaschene Pansen wurden aufgehängt. Dann wendete ich den Hirsch unter großen Mühen. Jetzt blieb nur noch ein Problem zu lösen: Wo sollte ich einen Bruch hernehmen? Gerne hätte ich in dieser Situation einen Verfechter der „bruchgerechten Holzarten“ bei mir gehabt. Was soll man wirklich in der winterlichen Au als Bruch nehmen? Alle Bäume und Sträucher sind laublos und kahl wie ein Besenstiel. Sogar der Liguster hat seine Beerentrauben schon verloren. Doch da kam mir der rettende Gedanke: Am Ende der Figl-Allee, da stand doch die Figl-Kanzel und daneben eine Eiche, die noch etwas Dürrlaub an den tieferen Ästen haben mochte. Gleichgültig, wie spät es wurde, da mußte ich hin! Tatsächlich fand ich einige greifbare Äste mit Dürrlaub, das sogar hielt. Damit kehrte ich zurück zum Hirsch, gab den Letzten Bissen und einen In-Besitznahme-Bruch, und auch meinen Hut zierte zu guter

Letzt ein mit viel Freude aufgesteckter Bruch. Nun konnte es endgültig heimwärts gehen.

Inzwischen war es vollkommen finster geworden, aber die „Schneeliachtn“ reichte mir in dem über lange Jahre vertrauten Gebiet völlig. Fünfhundert Meter vor der Ortschaft sausten plötzlich beide Hunde vor, giftiger Laut ertönte, Hetzlaut, der schließlich in Standlaut überging. Ich wunderte mich nicht, denn es kam fallweise vor, daß auf dem Heimweg im Dunkeln Fuchs, Dachs, Marder oder auch Schwarzwild vor uns flüchtig wurde. In diesen Fällen hatten die Hunde seit jeher freie Hand, das wußten sie. Manchmal irrten sie sich, wenn zum Beispiel ein Hase über den Weg rauschte und sie ihn nicht als solchen erkannten. Dann schossen sie auch dahin, bis sie Wittrung bekamen und sofort umkehrten.

Was aber konnte das nun sein, der Standlaut hörte nicht und nicht auf? War es vielleicht gar ein aufgebaumter Marder im angrenzenden Pappelholz?

So war es! In einer Astgabel saß der Kerl, deutlich war im Schneelicht der weiße, gegabelte Kehlfleck zu erkennen. Das Fernrohr wurde wieder aufgesetzt, der Drilling gespannt und auf Kleinkaliber umgestellt. Markant zeichnete sich das kleine Köpfchen gegen den Nachthimmel ab. Einige Schritte machte ich noch seitwärts, um den herabhängenden Ästen auszuweichen. Im schwachen Knall des Schusses stürzte der Marder vom Baum und wurde sogleich von den Hunden gegriffen. Würde das einen herrlichen Balg geben!

Mit diesem Erlebnis endete mein – was die Buntheit der Strecke anlangt – ereignisreichster forstlicher Reviergang in der Lobau: ein Hirsch, eine Rehgeiß, ein Rehkitz, ein Hase, zwei Fasane, ein Stockerpel und zum Drüberstreuen auch noch ein Marder. Wenn ich heute daran denke, stimmt es mich nachdenklich und traurig, daß es hier fast keine Fasane mehr gibt und die Hasen rar geworden sind, daß das Revier von Wasser-, Gas und Starkstromleitungen, Weitwander- und Asphaltwegen durchzogen ist und daß in Schwechat landende Flugzeuge in gut hundert Meter Höhe über die Lobau donnern. Zusätzlich wird das Gebiet von Scharen von Aubesuchern heimgesucht, die kreuz und quer durch die Bestände der Lobau stapfen, die solchermaßen viel vom Reiz des ursprünglichen Aureviers verloren hat.

Damals aber, an jenem ausklingenden Stefanitag, ahnte ich von all diesen unerfreulichen Dingen noch nichts. Vielmehr habe ich mich an diesem Abend in stiller Dankbarkeit mit einer ganzen Flasche Rotwein und einer dicken Zigarre zurückgezogen, habe die Erlebnisse meines unglaublichen „forstlichen Jagdtages“ wieder und wieder Revue passieren lassen und bin einfach glücklich gewesen...